家庭服务业规范化服务就业培训指南

中国家庭服务业协会推荐

家政服务工程适用教材

家艺师

万梦萍 匡仲潇 主编

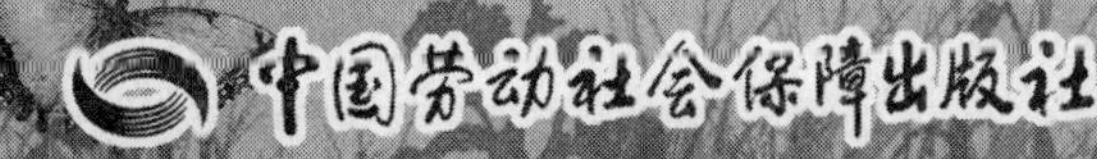

图书在版编目(CIP)数据

家艺师/万梦萍，匡仲潇主编. —北京：中国劳动社会保障出版社，2013
家庭服务业规范化服务就业培训指南
ISBN 978-7-5167-0458-5

Ⅰ.①家… Ⅱ.①万…②匡… Ⅲ.①家政服务-技术培训-指南 Ⅳ.①TS976.7-62

中国版本图书馆 CIP 数据核字(2013)第 172074 号

中国劳动社会保障出版社出版发行
(北京市惠新东街 1 号 邮政编码：100029)
出 版 人：张梦欣
*
北京北苑印刷有限责任公司印刷装订 新华书店经销
787 毫米×1092 毫米 16 开本 16 印张 262 千字
2013 年 8 月第 1 版 2013 年 8 月第 1 次印刷
定价：36.00 元
读者服务部电话：(010) 64929211/64921644/84643933
发行部电话：(010) 64961894
出版社网址：http：//www.class.com.cn

家庭服务业规范化服务就业培训指南系列丛书

丛书顾问

韩　兵：中国家庭服务业协会法人代表、副会长

刘福合：国务院扶贫办政策法规司司长

丛书专家委员会（排名不分先后）

黎学清：中国老年事业发展基金会副秘书长

万建龙：江西省就业局局长

李国泰：广西壮族自治区就业局局长

丁建龙：四川省广元市劳动就业服务局局长

石　军：北京市门头沟区妇女联合会主席

滕红琴：北京市门头沟区妇女联合会副主席

薛大艽：中国家庭服务业协会副会长兼秘书长

庞大春：中国家庭服务业协会监事会会长

李大经：中国家庭服务业协会副会长、北京市家政服务协会会长

胡道林：中国家庭服务业协会副会长、宁波市家庭服务业协会会长、海曙81890服务业协会会长

陈　挺：中国家庭服务业协会副会长、广东省家庭服务业协会会长

李春山：中国家庭服务业协会副会长、吉林省家庭服务业协会会长

杨志文：中国家庭服务业协会副会长、陕西省家庭服务业协会会长

沈　强：中国家庭服务业协会副会长、吉林农业大学人文学院院长、家政学系教授

马燕君：中国家庭服务业协会培训部主任

黄学英：山东中医药高等专科学校护理系主任、教授

郭建国：中华育婴协会会长

董蕴丹：辽宁省家庭服务业协会会长

陈　华：湖北省家庭服务业协会会长

周珏民：上海家庭服务业行业协会副会长

曹　阳：辽宁省家庭服务业协会秘书长

孙景涛：深圳市家政服务网络中心总经理

卢震坤：深圳市家庭服务业协会秘书长

谢　敏：深圳市深职训职业培训学校校长

夏　君：全国服务标准技术委员会家庭服务工作组委员

本书编写人员

主编：万梦萍　　匡仲潇

参编：(排名不分先后)

滕红琴	刘　军	张　曼	万映桃	向春丽
刘权萱	蔡定梅	孙丽平	马秀华	马德翠
杨　丽	段青民	杨冬琼	柳景章	曹　阳
谢　敏	黄　河	林友进	林红艺	段利荣
段水华	陈　丽	贺才为	江美亮	滕宝红

序　言

随着国民经济的发展与人民生活水平的不断提高，人民群众对社会化家庭服务的需求越来越旺。党中央、国务院及各级政府十分重视家庭服务业的发展，为家庭服务业的发展指明了道路。温家宝总理2010年9月1日主持召开国务院常务会议，研究部署发展家庭服务业的政策措施，其中重点提出：加强就业服务和职业技能培训。《国务院办公厅关于发展家庭服务业的指导意见（国办发[2010]43号）》提出：把家庭服务从业人员作为职业技能培训工作的重点，以规范经营企业和技工院校为主，充分发挥各类职业培训机构、行业协会以及工青妇组织的作用，根据当地家庭服务市场需求和用工情况，开展订单式培训、定向培训和在职培训。

大力发展家庭服务业，不仅可以缓解就业压力，调整经济结构，促进经济平稳较快增长，而且可以满足人们日益增长的生活服务需求。当前，我国工业化、城镇化、市场化建设加速发展，既给家庭服务业的发展提供了最佳机遇，也将使累积的矛盾和问题重重呈现。这就需要我们从事家庭服务业相关工作的决策者、管理者、企业经营者，开动脑筋、发挥集体的智慧，积极探索行业发展规律，改进和创新工作方法，从行业发展、管理服务入手，紧紧抓住技能培训、促进就业等多个环节，系统总结和推广各地的好经验、好做法，提升从业者的就业素质和技能水平，提升行业管理水平，走出一条符合中国实际的家庭服务业发展道路。

“家庭服务业规范化服务就业培训指南”系列丛书第一套出版后，得到社会的广泛好评，更激励了作者及时总结经验，更新培训内容。第二版除根据家庭服务业的发展情况和读者的反馈，修订、补充了部分内容，还扩充了早教师、护工、催乳师等岗位。该系列丛书吸纳国际先进的培训体系，并结合我国家庭服务业实际，以提升从业人员的服务水平、专业技能为目的，立足于学用结合，体例简明，贴近广大从业人员的实际需求，通俗易懂，操作性强；以提高家庭服务企业的核心竞争力为目的，立足于精细化、标准化管理，贴近广大企业管理人员的实际需求，高效实用。

在这套丛书即将出版之际，我真诚希望家庭服务行业的同行、家庭服务理论研究工作者和广大家庭服务从业人员，对丛书提出宝贵意见，也希望这套丛书能对中国家庭服务业的培训工作起到很好的指导作用，为国家相关部门在家庭服务政策研究、行业规范工作方面提供一定的帮助。

中国家庭服务业协会法人代表、副会长

二〇一一年九月二十一日

第一章　家艺师岗位认知

第二章　家庭服务基础知识

第三章　家居保洁技能

第四章　厨艺操作技能

第五章　家居美化技能

第七章　茶艺操作技能

第八章　宠物喂养照料技能

第九章　高档家电使用保养技能

第十章　家居安全技能

第一章

家艺师岗位认知

本章学习目标：

1. 了解家艺师的定义。
2. 熟知家艺师的职业道德。
3. 掌握家艺师各项操作技能。

第一节　家艺师任职要求

一、家艺师的定义

家艺师是将家庭事务技艺化的居家打理专家，是集厨艺、茶艺、园艺、卫艺、家庭交往艺术为一体，并为家庭提供并实施个性化服务方案的专业人员。其主要工作为营养餐的制作，家居保洁与美化，衣物洗烫与整理，茶艺，宠物喂养照料，高档家电的正确使用与维护等。

二、从业心理准备

心理准备是指从业人员正确认识所从事的职业，端正对所从事职业的态度和认识。从业人员应积极调整心态，正确认识无论自己从事何种职业，都是按劳取酬的正当劳动者，都会受到社会的尊重和认可，都应该努力做好工作。

（一）心态决定成败

能否做好家政服务工作并不完全取决于工作技能的完善与否，而在很大程度上取决于你有没有一种良好、健康的工作心态。只有在心理上真正接受、热爱这份工作，才能把它做好，而且能够真正地作为职业稳定地从事下去。好的心态可以帮你应付工作中的突发情况，渡过难关，更能让你愉快地工作。对同一件事，不同的心态会产生截然不同的结果，请看下面的案例。

有两位家艺师同一时间进入雇主家服务，遭遇同一件事：雇主指责她们做的饭菜不合口味。其中一位家艺师很不服气，认为自己辛辛苦苦做了半天没有功劳也有苦劳，凭什么受到指责，从而产生抵触情绪，并把这种情绪带到工作中，结果工作越做越差，越来越不能让雇主满意，最终只能离开；另一位家艺师却积极地反省自己失误在哪里，态度真诚地与雇主沟通，了解其饮食习惯，并在以后的工作中及时改进，最后得到了雇主的谅解和支持，工作也越做越顺，越做越好，薪水自然也提高了。

在家政服务的具体工作中，家艺师一定要及时地调整心态，始终把工作摆在第一位，把所有琐碎的家庭服务与“工作”联系起来，只有这样，才能做好每一件事情。

一位参加过高级家艺师培训且学习成绩很出色的家艺师，在第一天上岗做居室清洁工作时就有了痛苦的感受。擦木地板的要求是跪在地板上擦，在培训时并不觉得跪在地板上这一动作有伤尊严，然而那天的情形是雇主正坐在沙发上看电视，她则要跪在雇主面前擦地板，因此觉得自尊心受到很大伤害。她拿着工具站在那里犹豫了好久，后来想通了，她告诉自己跪下去是为了更好地完成工作而不是向谁屈服。所以，只有时刻保持良好的心态，才能更好地完成工作。

（二）具备良好的心理素质

家艺师应具备良好的心理素质和较强的心理承受能力，为人处世应宽容大度。

1．正确认识自己

正确认识自己，就是要认识到自己是社会的一员，是有能力、有实力、有信心为社会工作的，能够凭自己诚实的劳动自食其力，找到自己在社会中的定位。

家艺师要深刻理解家庭服务工作的性质和特点，无论自己是来自农村，还是下岗失业，就业是最主要的目的。通过自己的劳动增加收入是光荣的事情，至少可以自食其力，还可以提高家庭生活质量。因此，应将从事家庭服务工作作为自己人生的新起点。

2．接受雇主的甄选

在就业时参加面试是必须经历的过程，所以家艺师必须面对雇主审视的目光，当面回答雇主的各种提问。对此，家艺师要做好充分的思想准备，坦然面对雇主，并通过自己的言谈举止展示自己的精神风貌和工作实力，为雇主留下良好印象，为成功就业赢得机会。

3．对工资有合理的预期

家艺师应该有清醒的认识，不要对工资收入有过高的预期。要对自己的个人条件和工作实力有全面的分析和评价，了解自己的优势与特长，根据就业所在地的实际情况，在工资上做出符合实际的定位，做出最佳选择。

（三）树立正确的职业心态

1. 正确认识家艺师职业

随着社会经济的发展，社会分工必将进一步细化，家庭服务业的兴起和壮大在我国具有战略意义，它必将朝着职业化、专业化、产业化的方向发展。当前，国家大力发展家庭服务业，陆续出台相关政策、措施，家艺师会越来越得到社会的尊重与认可。

2. 克服世俗观念和自卑心理

中国有几千年的封建历史，在许多人的潜意识里还残留着封建的等级观念，认为从事家庭服务工作就是低人一等，更看不起从事家庭服务的人。实际上，当今社会职业只是用来区分工作的标志，人们从事的职业和工作的对象虽然不同，但都是在为社会做贡献。所以，家艺师要抬起头来，要以和雇主平等的心态去工作，只有提高自己的综合实力，才能得到雇主的尊重。

3. 客观评价自我

人贵有自知之明，从事任何职业都要实事求是地看待自己，量力而行，既不能好高骛远，也不必妄自菲薄。对自己的优势不夸大也不缩小，要充分发挥自身优势，积极为择业创造条件。同时，要客观地看到自身的劣势和缺点，主动反省，以积极的态度去避免或改变劣势，克服缺点，努力将劣势转变为优势。

4. 要有明确的职业定位

家艺师是一个特殊的职业，她们作为非家庭成员进入到一个家庭中，承担着这个家庭的某些职责（如操持家务、照料宠物等），作为职业人员，努力完成合同规定的服务内容是职责所在。家艺师一方面要把雇主的家务工作当做自己的事去做，但又要意识到不可能承担起雇主家庭管理的全部责任。要掌握好分寸，做到尽职尽责，工作中主动征求雇主意见，及时接受他们的指导。

三、职业道德要求

家艺师从进入所服务的家庭起，就开始了自己的职业活动。在履行职业责任的过程中，要严格按照职业道德要求规范自己的行为，自觉遵守职业道德。

（一）做家庭文明建设的参与者

家艺师进入雇主家庭，虽不是其家庭成员，但与这个家庭的成员一起生活，

又类似家庭成员。因此，家艺师要细心了解这个家庭，实践家庭美德的要求，积极参与文明家庭建设。

（二）建立良好的人际关系

家艺师要处理好与雇主家庭的人际关系，尊重和关心所服务家庭的每个成员，热情友好，忠厚本分，通过自己的诚实劳动和良好品质赢得雇主家庭成员的信任。

（三）掌握家庭特点，做好服务工作

职业道德同履行职业责任是紧密联系的。家政服务工作以满足家庭生活需要为核心，所以，家艺师要掌握雇主家庭的需求特点，尊重雇主家庭成员的生活习惯，尽心尽力做好各项服务工作，展现出自觉主动的工作精神。

四、遵纪守法

家艺师必须遵守国家的有关法律法规，对《中华人民共和国宪法》《中华人民共和国刑法》《中华人民共和国未成年人保护法》（以下简称《宪法》《刑法》《未成年人保护法》）要有所了解。

（一）《宪法》解读

宪法是国家法律体系的基础和核心，具有最高的法律效力，是根本法。

《宪法》规定了国家的根本任务和根本制度，即社会制度、国家制度的原则和国家政权的组织及公民的基本权利和义务。

1. 公民在法律面前一律平等

“公民在法律面前一律平等”是我国公民的一项基本权利，其含义是指，我国公民不分民族、种族、性别、职业、家庭出身、宗教信仰、教育程度、财产状况、居住期限等，都一律平等地享有宪法和其他法律规定的权利，也都平等地履行宪法和其他法律规定的义务。

2. 公民享有人身自由权利

《宪法》规定我国公民的人身权利作为一项基本权利，包括公民的身体不受非法限制、搜查、拘留、审问和侵犯；公民的人格尊严不受侵犯，禁止用任何方法对公民进行侮辱、诽谤和诬告陷害；公民的通信自由和通信秘密受法律的保护，正常情况下，任何组织和个人不得以任何理由侵犯公民的通信自由。

（二）《刑法》解读

《刑法修正案（八）》自2011年5月1日起施行。作为家艺师，应当主动学习、了解、掌握相关的法律条文，一是有效地利用法律武器保护自己的人身安全，二是能够提醒自己始终做一个知法、懂法、守法的合格公民。

家艺师要切实做到“遵守法纪、尊重雇主、诚实守信、忠于职守”。

（1）家艺师要自尊、自重、自爱。不要向雇主借钱或者索要财物，不要翻看雇主的东西，更不要将喜欢的东西据为已有，一旦出现上述问题将受到刑事处罚。不要损坏雇主家中的物品，特别是贵重物品（如古字画等），一旦损坏物品要如实向雇主讲明，不要隐瞒或销毁。

（2）现在许多物业小区大多数家庭均已经安装监控系统，家艺师要洁身自爱，不要存在侥幸心理，否则，难逃法律的制裁。

（3）为了确保安全，家政公司通常在家艺师办理入职手续前已上网查验身份证并照相留底，一旦家艺师有违法行为发生，公司会即刻将相关资料传送至家艺师户籍所在地的公安机关和相关单位。为了自己及家人的声誉与前途，切记在任何时候任何地点勿生贪念，否则将遗恨终生。

（三）《未成年人保护法》解读

家艺师其中一项重要工作是照顾婴幼儿。婴幼儿是未成年人，因此家艺师要了解《未成年人保护法》并遵守。有的家艺师认为婴幼儿小，不会讲话，所以自己不高兴或者婴幼儿不听话的时候就打他，有的甚至虐待他，这是犯法的行为。

张女士有一个2岁多的宝宝。宝宝有很长一段时间似乎不分昼夜地昏睡，对吃喝也不感兴趣。后来，宝宝的肤色变得如白纸一般。

张女士很忧心，带着宝宝去医院看医生，抽血检查后，医生说宝宝吃了安眠药。张女士很吃惊，琢磨着谁可能喂宝宝吃安眠药呢，可想了半天，认为可能性最大的就是家里请的家艺师小李。于是，张女士回去问小李，小李拒不承认。无奈之下，张女士报了警。派出所接警后高度重视，立即展开调查，最后在宝宝吃的奶水里查到了安眠药成分。

案例中的小李显然违犯了《未成年人保护法》。

五、尊重雇主，忠厚诚实，不涉家私

（一）尊重雇主

家艺师是为满足家庭生活的需求才进入雇主家庭，因而必须尊重所服务家庭的各种习惯，并尽力满足各种需求，以完成好自己的服务工作。

（二）忠厚诚实

家艺师在服务中要态度和蔼可亲，对待雇主家庭成员热情友好，对自己的服务工作尽心尽力，忠诚本分，只有这样，家艺师的工作才能得到雇主的认可，取得雇主的信任。

（三）不涉家庭隐私

从事家庭服务工作必须得到雇主家庭的信任，但是家艺师一定要尊重雇主家庭及其成员的隐私，对雇主家庭中自己不应知道的事，要做到不闻不问，当家中只有自己时，也不应出于好奇而随意翻看雇主的物品。遇到雇主家庭内部发生矛盾时，不要主动参与，更不能偏袒一方或说三道四，需要劝解时也只能适可而止。

第二节　家艺师工作内容

一、家居保洁

（1）掌握家居保洁方法，如室内通风换气，消除居室异味，居室简易消毒，居室防尘、除尘以及防潮、治潮，室内虫害防治。

（2）客厅保洁。掌握客厅清洁程序，实施客厅沙发清洁保养、客厅地板清洁保养。

（3）卧室清洁。包括家具清洁与保养、卧室清洁、降尘除螨。

（4）浴室清洁。掌握浴室清洁程序、浴室清洁方法、浴室保养方法。

（5）厨房清洁。掌握厨房清洁基本要求，燃气灶具、炊具、餐具清洁诀窍。

二、厨艺操作

（1）根据雇主家庭的口味制定食谱，做好一日三餐的烹饪工作。

（2）根据家庭不同成员，如幼儿、老人、孕妇和患有不同疾病人的营养需要，以及根据季节的变化，有针对性地搭配辅食和食物。

（3）保证食品卫生。针对各种食物不同清洗方法，严格按要求操作。做好食品的储存和保管工作，准确鉴别变质食物和食品。

（4）用餐完毕及时清洁整理厨房、炊具和餐具等。

三、家居美化

（1）居室整体布置。包括家具选择、饰品饰物放置、生活器具放置、厨房器具放置、卫生间器具放置、书房器具放置。

（2）室内绿化装饰。包括室内绿化装饰植物选择，家庭养花品种搭配，门厅、客厅、书房、卧室、餐厅、卫浴间、阳台的绿化装饰。

（3）家庭花卉养护管理。包括家庭养花必备工具的使用，家养盆栽花卉光照、浇水、施肥、病虫害防治、通风、更换养护、抗寒保暖等。

（4）常见花卉插制摆放。掌握家庭插花要点与形式、家庭插花花瓶选择、家庭插花技巧，家庭插花色彩和谐搭配。

（5）庭院绿化。包括选择庭院植物品种、掌握庭院植物配置方式、庭院绿化简易方法、庭院植物栽植方法。

四、衣物洗烫与保管

（1）掌握衣物洗涤基本常识。包括常见质料中英文对照、常见衣物洗涤标签、常用衣物清洁剂。

（2）衣物洗涤处理。包括洗衣准备工作、手工洗衣、洗衣机洗衣、衣物干洗、不同污渍处理。

（3）衣物晾晒。掌握常见衣物晾晒标签、不同衣物晾晒方法、晾晒衣物最佳

时间，学会晒衣防霉、衣物晾晒技巧。

（4）衣物熨烫整理。掌握衣物熨烫步骤、测定熨斗表面温度方法、熨烫基本方法、熨烫衣物分类、不同衣物熨烫程序。

（5）衣物保管收存。掌握衣物保管收存基本要求、不同衣物保管方法、预防毛织品生虫、床上用品保管、不同季节衣物保管。

五、茶艺操作

（1）了解饮茶与健康的关系。包括了解茶叶主要成分、不同季节茶叶选择。

（2）茶叶冲泡。包括日常家庭茶具选用、泡茶器皿摆放、绿茶冲泡、红茶冲泡、乌龙茶冲泡、花茶冲泡，掌握日常泡茶误区。

六、宠物喂养照料

（1）宠物狗喂养照料。包括宠物狗洗澡、宠物狗日常饮食、宠物狗行为管教、宠物狗病症看护。

（2）宠物猫喂养照料。掌握养猫准备事项、宠物猫饲料种类，实施宠物猫饲料加工、配制、宠物猫日常护理、宠物猫调教、消除家中猫臭味。

（3）观赏鱼喂养照料。包括鱼缸布置、观赏鱼水质选择、观赏鱼饲料选择、观赏鱼鱼病预防。

（4）宠物龟喂养照料。包括了解龟的生活习性，选择饲养场地、必需物品、宠物龟饲料，宠物龟病的防治。

（5）观赏鸟喂养照料。包括了解常见家庭观赏鸟品种，鸟笼选择、观赏鸟健康饮食，能够判断鸟的习性、训练观赏鸟、饲喂观赏鸟、进行观赏鸟日常管理。

七、高档家电使用保养

（1）电视机使用保养。能够合理使用和保养电视机，包括液晶电视使用与维护、等离子电视使用与维护、电视机清洁。

（2）空调使用保养。包括空调使用、空调清洗、空调保养。

（3）电冰箱使用保养。包括电冰箱的使用、电冰箱的清洁、电冰箱除臭。

（4）电饭煲使用保养。掌握电饭煲种类，电饭煲的使用、电饭煲清洁、电饭煲常见故障及排除、电饭煲保养。

（5）微波炉使用保养。包括微波炉的使用、微波炉的清洁、微波炉一般故障处理。

（6）其他家电使用保养。包括抽油烟机使用与保养、热水器的使用保养、洗衣机使用保养。

八、家居安全

（1）家居火灾预防。包括安全使用煤气、液化气，阳台、过道不要堆杂物，家庭用电火灾预防等。

（2）家庭火灾应急处理。掌握家庭火灾应急常识、拨打“119”报警方法、灭火器使用方法。

本章习题：

1. 作为家艺师应具备什么样的职业心态？
2. 家艺师应具备哪些心理素质？
3. 家艺师的职业道德要求有哪些？
4. 家艺师的工作内容有哪些？

第二章

家庭服务基础知识

本章学习目标：

1. 了解家艺师的礼貌礼仪要求。
2. 熟知家艺师的着装卫生要求。
3. 熟知社交安全常识和安全防范。
4. 掌握家居及职业安全基本原则。

第一节　礼貌礼仪

作为一名合格的家艺师，必须要具备良好的工作心态、过硬的工作技能、强烈的安全意识。在具备这些条件的同时，也要注重自己的仪表仪容、言谈举止，因为你的一言一行都能反映出你的素质和为人。

一、整体仪表

一个人的仪表仪容是很重要的。作为一名合格的家艺师，首先要搞好自己的个人卫生，做到勤洗手、勤换衣服。

有一位家艺师，从家乡来到某家政公司时只穿了一双拖鞋。由于当时公司业务繁忙，服务员供不应求，所以她还来不及接受培训就参加了面试。当她被带到应聘室时，雇主将她上下打量一番就打发她离开了。原来，雇主看见这位家艺师的脚趾甲又长又脏，就直接拒绝了。随后公司对她进行了礼仪礼节和专业培训，特别提醒她注意自己的个人卫生。当她再次参加面试的时候很快就被聘用了，而且一直在这个雇主家做得很好，雇主也对她很满意。

家艺师仪表的具体要求如下：

（1）面部清洁，经常梳洗头发，不要有头皮屑，发型大方，不要使用气味浓烈的发乳或香水。

（2）可化淡妆，不要浓妆艳抹，不染重彩指（趾）甲，不穿过分裸露、透露、紧身、艳丽的衣服。穿裙装者裙子下摆不宜高过膝盖。

（3）注意随时洗手，经常洗澡，手指甲和脚趾甲应保持短而清洁，经常更换内衣。

（4）要保持鞋面光亮整洁。

（5）饭后漱口，保持口腔清洁，无异味。

（6）保持微笑，态度和蔼。

二、体态礼仪

（一）站姿

站立应挺直、舒展，要给人一种端正、庄重的感觉。不要歪脖、斜腰、屈腿、扭动，不要斜靠门边或墙边。

（二）坐姿

入座时动作应轻而缓，不可随意拖拉椅凳，身体不要前后左右摆动。应并膝或小腿交叉端坐。双腿不宜敞开过大，不可跷起“二郎腿”或抖动双腿。

（三）走姿

保持昂首挺胸抬头，与雇主或长者一起行走时，应让雇主或长者走在前面；并排而行时，应让雇主或长者走在里侧。不要将双手插入裤袋或反背于背后行走。

（四）目光

目光要温和，忌讳歪目斜视。

（五）手势

家艺师应该避免的几种错误手势：

（1）指指点点，在工作之中，不要用手指对着别人指指点点。

（2）随意摆手，不要随便向对方摆手，这些动作是拒绝别人或极不耐烦之意。

（3）端起双臂，端起双臂这一姿势，往往代表傲慢或看别人笑话。

（4）摆弄手指，反复摆弄自己的手指，有对别人不尊重之意。

（5）手插口袋，给人有心不在焉的感觉。

（6）搔首弄姿，会令人觉得不正经。

（7）抚摸身体，不可当众搔头、挖鼻、剔牙、抓痒、搓泥、抠脚。

三、礼貌礼仪

家艺师在雇主家服务时应注意以下礼貌礼仪：

（1）客人到来时，要主动为客人让座，主动为客人提物，为客人准备好拖鞋，并主动为客人沏茶（茶沏七分满）。客人离去时，要主动为客人开门。

（2）客人或雇主讲话时要用心聆听，不可插嘴、抢话，不得与客人或雇主争论，强词夺理。

（3）切忌在他人面前或食物前打喷嚏、咳嗽，口中有异物及吐痰应去洗手间。使用洗手间时一定要将门反锁以免发生误会，用过的卫生巾要用纸包起投进垃圾袋内，用过厕所切莫忘记冲洗及洗手。

（4）不得穿睡衣及较暴露的衣服在客厅走动，不要在厨房、客厅梳头，吃饭时应少说话，与人说话应保持80厘米以上的距离。

家艺师小刘长得比较漂亮，她到一个雇主家服务，干活很利索、勤快，深得雇主及其家人的喜欢，可有一天小刘却被辞退了。原来，小刘爱穿短裙和暴露的衣服。有一天，女主人发现小刘穿着吊带衣服在拖地，弯腰时一些部位明显暴露出来。女主人觉得家里有老公、儿子，这样不方便，也没有安全感，于是便把她辞退了。

（5）给雇主及其家人更多私人空间。雇主家人在谈话、看电视时，要主动回避。

（6）不要参与雇主家庭成员的议论，不要相互传闲话。要尊重雇主的家庭隐私，雇主家的任何家务事不得告诉他人。

（7）如雇主要求家艺师入席就餐，家艺师必须将所有餐务工作做完方可就餐。与雇主家庭成员外出同台就餐时，不得抢占主宾位。如有小孩，应主动照顾小孩。菜肴上台时，不能首先品尝。

（8）有事需要进入雇主卧室时，要先敲门或向雇主请示方可进入；整理雇主的衣物和床铺时，一定要先洗手；离开卧室时要轻轻地关上门。

（9）要学会礼貌用语，如您好，谢谢，再见，不客气，没关系，请。对雇主家庭成员，女性可称呼小姐、太太、阿姨等；男性可称呼先生、叔叔、大伯等，不可直呼其名。

第二节　个人卫生

讲究卫生是对家艺师的最基本要求。雇主都希望家中的家艺师讲卫生、爱清洁，具有良好的卫生习惯。

一、着装卫生要求

（1）家艺师没有统一的着装要求，可依据服务地的着装习惯并结合本人的经济状况穿着适宜的服装。但是，衣着必须清洁、整齐，不要衣不系扣或服装的皱褶太多。

（2）内、外衣服要经常更换清洗，尤其是夏季衣服、袜子要每天换洗，其他季节也要经常更换、刷洗、晾晒鞋袜，以保持鞋袜清洁没有气味。

（3）遇到节日或雇主家有客人到来时，可换上整洁美观、鲜艳些的服装。

（4）在从事家务劳动时可以根据具体工作情况，准备一些辅助衣物，如围裙、套袖或者保洁人员穿的蓝大褂等。

（5）护理宠物时最好能够穿着专用服装。

（6）如果雇主要求在室内活动必须穿拖鞋，那么家艺师最好配穿上袜子，否则光着脚或露出脚趾接待宾客极不礼貌，也极不雅观。

特别提示

家艺师不宜穿着紧身的、包裹躯体的、过分突出自身线条的服装；过于单薄、明显透出内衣的服装不能穿；过于暴露肢体的，如低胸、超短裙不能穿；更不能只穿着内衣裤就在雇主家中走动，要注意在雇主和宾客面前的形象。

二、日常卫生要求

（一）个人日常清洁卫生

（1）应坚持早晚刷牙，以保持口腔清洁卫生、无异味。

（2）每天在睡前一定要用温水洗脚，每周应修剪脚趾甲一次。

（3）应注意保持躯体卫生清洁。如条件许可在夏季每天冲洗一次，条件有限者也要每天擦洗。在冬季也要勤洗澡。

（4）应做好手的清洁卫生。一般人要求饭前便后要洗手，对家艺师来说，每天要做许多工作，手的使用频率非常高，手上沾上一些细菌是在所难免的，因此，家艺师特别要注意做饭前和触摸食品、接触婴幼儿前一定要用肥皂或洗手液洗手，并冲洗干净。洗手步骤如图2–1所示。

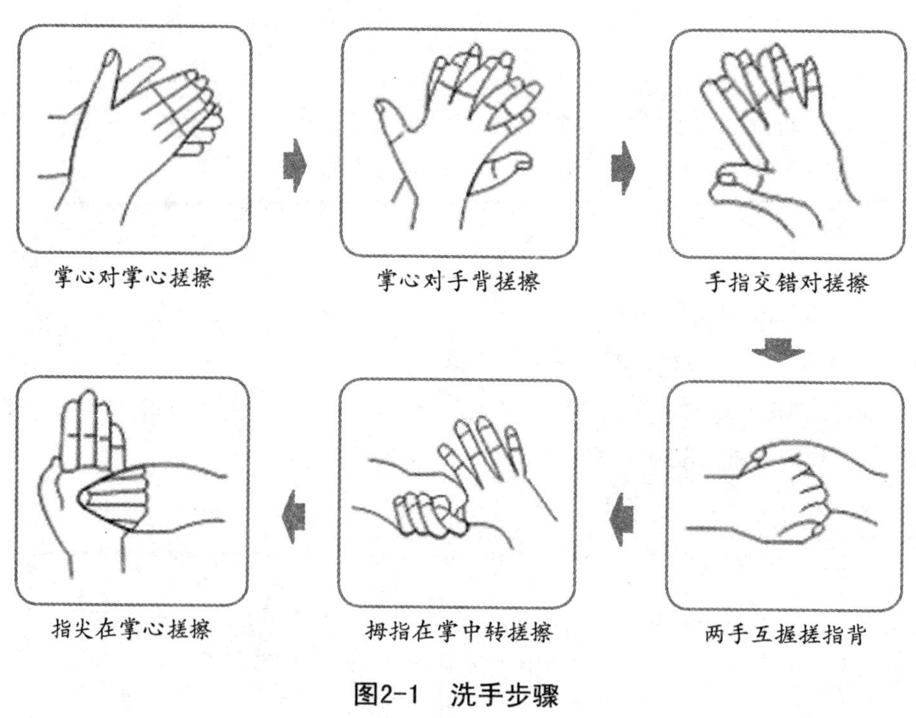

图2–1 洗手步骤

（5）头发应经常清洗、修剪，梳理整齐。每周应清洗头发1～2次。不宜留长发，头发过长不但会影响工作，也不卫生。不能披头散发，头发要梳理整齐，工作时头发要捆扎利落，做饭时最好戴上帽子或头巾，以防止头发或头屑掉到饭菜里面。

（6）保持会阴清洁。会阴处的内外环境极其适合细菌的生长和繁殖，如果不能保持清洁的外阴环境，将会导致细菌的大量繁殖，容易导致各种妇科病的发生。

（二）月经期卫生注意事项

月经的到来是女性性器官成熟的重要标志，是正常的生理现象。性器官成熟后，每一次排卵就会有一次经血外流。经期卫生要做到：

（1）要选用合体、卫生的卫生带、卫生裤或卫生巾。

（2）要保持会阴清洁卫生。月经高潮期应每2～3小时换一次卫生巾或卫生纸，每天用温水擦洗下身1～2次。为防止细菌感染，清洗下身或洗澡时不宜采用坐浴法，应采用淋浴法。

第三节　人身安全与自我保护

家艺师的职业要求是要进入雇主家庭工作，面对面地为雇主提供零距离服务。社会生活中最复杂的事情就是与人相处，如何区别社会中的善与恶、美与丑，更是一个复杂的问题。家艺师要掌握人身安全与自我保护的基本常识，正确面对日常生活中的不良行为，妥善处理突发事件，以保护自己的尊严和人身权利不受侵犯。

一、社交安全常识

（一）常见不良行为及处理方法

（1）有人对你甜言蜜语，特别是不认识的“老乡”，不要轻易相信，防止上当受骗。

（2）有人过分奉承你聪明伶俐、漂亮美貌，你千万不能得意忘形。

（3）在公共场所，不相识的人与你乱拉关系，不要轻易与人交谈，有素不相识的人热情为你介绍工作、搭话等，千万不要相信。

（4）不要贪小便宜，防止落入圈套（如掉包计、麻醉抢劫、诈骗、拐卖等）。

特别提示

如有人施以小恩小惠，如化妆品、新潮服装，偏袒你的明显过失，给你与你劳动不相符的高额报酬，以此来获得你的好感，这时要提高警惕。

（5）不要在雇主家和家政公司以外的地方住宿，凡事要三思而后行。

（6）如果有人经常寻找机会与你单独相处，一边用美言迷惑你，一边以类似爱抚的动作抚摸你身体的某一部分，此时你要倍加小心，要想法躲开。

（7）有人用下流的言行挑逗你、诱惑你看黄色出版物，要严词拒绝。

（8）采用威胁等手段逼你服从于他，一旦出现这类现象，这往往是他们最后的行动征兆，要加以小心，不要惧怕。

（二）如何对付性骚扰

1. 性骚扰的形式

性骚扰是一种违反道德规范的违背接受者意愿的有性意味的言论和行为。性骚扰的形式多种多样：

（1）半夜三更打电话给女性，说些下流的话。

（2）在家庭中伺机对女性动手动脚。

（3）在公共场所故意触碰女性的身体，进行违反妇女意愿的抚摸。

（4）偷看女性更衣、洗澡。

2. 怎样避免性骚扰

（1）家艺师要避免性骚扰，首先要自尊、自强、自重、自立。作为女性，不必为名利而失去做人的尊严。

（2）在着装时要朴素、大方，不可过紧、过短，尽量不要袒胸露背。

（3）言行举止要稳重端庄。有时候女性自己举止轻佻或言语随便，也会导致男性想入非非。

3. 怎样对付性骚扰

对于男性的性骚扰，可以采取以下几种方式：

（1）衡量处境，别把自己推入险境。比如在夜晚、在小巷深处，你应该做的是赶快逃离。

（2）晓之以理，动之以情，提醒对方也有母亲、姐妹。他也许会不安，至少令他下次侵犯别的女人时有所顾虑。

（3）制造场面，吸引众人注意。例如，大声指责，这样做可令侵犯者处于众目睽睽之下，无地自容。

特别提示

有许多女性在受到性骚扰时，恐惧心理占了上风，羞羞答答，不敢声张，这样反而会助长侵犯者的嚣张气焰。

（4）以其人之道，还治其人之身。

一名家艺师和姐妹们在电影院看电影时，身边一位中年男人竟然把手放在她的手上，还令人作呕地抚摸起来。她吃了一惊，接着便飞快地把自己的手反转过来在对方手背上用指甲狠狠地掐了一下。只听那男人叫了一声，便老老实实地把手缩了回去。

（5）顾左右而言他。如果被人用下流话调戏，就假装看表，然后说出时间，令对方不明所以，接不上话来。因为故意误解对方说话，会使调戏者的满足感大打折扣。

（6）有一些挑逗性的骚扰，是不良分子的一种试探，看你如何反应。你的沉默胆怯只会令他得寸进尺。应该用简明的回答来表明自己的态度，甚至也不妨指责几句，让他知道你是什么人。

（7）求助于法律。2005年修订的《妇女权益保障法》明确提出了“性骚扰”的概念，第四十条规定：“禁止对妇女实施性骚扰，受害妇女有权向单位和有关机关投诉。”

（三）识别并应对坏人

1. 怎样识别坏人

大千社会，芸芸众生，一些不法分子随时都在寻找机会，向弱势的妇女儿童进攻。他们从外表看都是与正经人一样的，并看不出有何异样。在我们与别人接触来往的时候，往往并不了解对方到底是什么样的人或者有什么专长和本领，在这种情况下，我们怎样识别谁是居心叵测的人，谁是真正的朋友呢？以下提两点建议供参考。

（1）观察法。在交往中，你要留心观察他的眼神。怀有不轨心理的人，其险恶企图和贪欲肯定会从其目光中表现出来。你还要注意他的行为举止。心里有鬼的人，眼睛里会透出渴望得到什么东西的那种贪欲。当你正视他的眼睛时，他会心虚地把目光躲开，不敢与你相对而视。此外，你还要留心他是否经常企图与你单独在一起，尤其是周围环境比较僻静的时候，他是否会有心不在焉的表现。总之，在与男性交往时，只要是提高警惕，保持清醒的头脑，不为对方的各种手段所迷惑，就一定能避免不安全的事情出现。

（2）试探法。要学会试探，用一些比较自然的、不引起对方注意的方式去检验他是好人还是坏人，比如，用一两句话、用一种微笑、用随和的态度等。也可以用拒绝他提出的一些建议的办法去试探。试探的方式也要同观察法结合起来，才能清楚地识别对方。

2. 怎样对付坏人

年轻的家艺师有时会遇到各种坏人的骚扰，这就要求家艺师掌握一套对付坏人的办法，见表2-1。

表2-1　对付坏人的方法

序号	方法类别	说 明	备注
1	拒绝	（1）对于你已识别出有恶意的人，要拒绝继续与他交往 （2）对于明目张胆向你提出非分要求的人，要坚决拒绝，并谴责他的错误想法 （3）对于企图用各种甜言蜜语、金钱等来诱引你的人，要主动避免同其交往	

续表

序号	方法类别	说　明	备注
2	周旋	在无法拒绝的情况下，要会周旋。要将交往有意识地保持在一定的限度内，将其注意力引到对其他问题的关注上，缓解矛盾的紧张程度，设法摆脱眼前的局面，以求脱身	
3	结伴	当你发现对方有恶意后，可以约自己的一位朋友来陪，一起活动，不给对方以可乘之机	
4	求助于雇主	在有些情况下，你可以将遇到的麻烦及时地告诉自己的雇主，请雇主出面解决问题	
5	求救或报警	当你独自行路时，如果突然遇见坏人，这时你不能过于紧张，也不要紧闭自己的嘴，而是要高声呼喊，或高声质问他，让附近的人能听到你的声音。坏人侵犯你的权利时要及时报警	

二、单独在家时的安全防范

作为家艺师，独自在家是常有的事，此时最好先锁好门窗，检查一下室内的防盗设备。为了自己的生命安全及财产安全，这是一件刻不容缓的事情。

特别提示

偶尔有陌生人来访时，不管来者是男士还是女士，为安全起见，最好不要马上敞开大门迎客，要将门开个隙缝，当面问清来意再做打算。因为，如果仅从室内的探视器里看到来者品貌端庄、一副忠厚老实的样子，就安心地开门的话，说不定就会引来一场大灾难。

以下是一些具体的防范措施以供参考：

（1）如果有人敲门，必须先问清情况，在认为安全时，方可让其入内。

（2）问话时，不要让陌生敲门者感到你是单独在家。可以大声而清楚地喊：

"关上电视（收音）机，有人敲门"，或者说："××，你别管，我来开"等。

（3）晚间独处一室，要拉好窗帘，尤其是从外面容易看到雇主家里的情况时更需注意，以免外人看到你单独在家，突发歹心，闯进门来。

（4）入睡前，要细心地检查一下门锁、窗户插销，如果较长时间地独处一室，最好在床边预备一件防身的武器。

三、家居工作及职业安全

（一）家居工作安全

1. 家居工作安全基本原则

（1）量力而为。

（2）腰部保持挺直。

（3）不要长时间重复做同一动作。

（4）使用适当的工具协助。

2. 正确的家居工作姿势（见表 2–2）

表2-2　　正确的家居工作姿势

错误动作	后果	正确姿势
拿物件时手腕向内弯	手肘及手腕不适	拿物件时手与前臂成一条直线
弯腰拿取柜下层的物品	腰背痛	屈膝，尽量保持腰部伸直
在过低的桌面上工作	腰背痛	在高度适中的桌面上工作
重复地活动手腕	手肘肌肉酸痛	活动肩膀，避免手腕过分活动或长时间做搅拌动作
抬起过久	肩与颈部肌肉酸痛	勿将肩膀抬起过久
弯腰拾起地上物件	腰背痛	半蹲，将腰部伸直或用工具拾取
弯腰吸尘	腰背痛	改用长柄的吸管，并保持腰部挺直
清洁过头的窗口与墙	颈与肩部肌肉酸痛	站在梯上，或用长柄刷，使清洁范围与肩部成水平

续表

错误动作	后果	正确姿势
跪在地上清洁地板	膝痛	不要长时间跪地
弯腰清洗浴缸	腰背痛	手扶缸边，用长柄的刷子洗刷浴缸

（二）工伤安全守则

1. 防止割伤

（1）洗碗盆内不能丢放任何利器，如菜刀、水果刀等。

（2）当发现有利器落下，千万不可尝试用手接住。

（3）不可用手指收拾破碎的瓷器或玻璃碎片。

（4）不锋利的刀如果用力也有可能会造成意外。

2. 防止滑倒或绊倒

（1）地板有水渍或食物应立即清理干净。

（2）玩具或杂物不能四处散布在地上。

（3）过长的电线要束好。

（4）穿着合适的低跟防滑鞋，不宜穿凉鞋、拖鞋或高跟鞋行走或跑。

3. 防止跌伤或撞伤

（1）爬高要用安全梯，不可用椅子垫高。

（2）码放物品不可上重下轻。

（3）打开柜门后，离开时要立即关上，避免磕碰。

4. 防止扭伤

（1）拿重物时要用腿力，保持直腰，避免弯腰提物。

（2）若移动过重的家具物品，应找别人帮忙，不可勉强一人进行。

5. 防止烫伤

（1）拿热的器皿时，要用干布（不能用湿布）或用布手套去拿，不可贪一时之快。

（2）若发生烫伤，应马上用冷水冲洗伤口，令伤口处皮肤温度降低，然后涂抹牙膏或红花油等消肿。若烫伤特别严重，应简单处理后及时就医。

6. 防止用电意外

（1）手湿不可接触电源开关或电器。

（2）每当清理电气用品时，应先关闭电源和拔去插头再进行工作。

（3）启动电器前，应检查插头是否固定，若接触不良或松脱容易造成打火现象。若发现电线有破损，应马上切断电源进行修补。

本章习题：

1. 家艺师应注意哪些礼貌礼仪？
2. 简述家艺师的着装卫生要求。
3. 经期卫生应注意哪些事项？
4. 如何处理社交中的不良行为？
5. 如何对付性骚扰？
6. 怎样识别坏人？
7. 对付坏人的方法有哪些？
8. 简述正确的家居工作姿势。
9. 简述工伤安全守则。

第三章

家居保洁技能

本章学习目标：

1. 了解居室简易消毒的方法。
2. 掌握防潮、治潮的方法。
3. 了解客厅清洁程序。
4. 熟知卧室清洁常识。
5. 学会浴室清洁保养的方法。
6. 了解厨房清洁的基本要求。
7. 掌握厨房清洁的诀窍。

第一节　家居保洁方法

一、室内通风换气

居室内应经常保持空气流通，使室外新鲜空气充分地进入室内。特别是清晨起床后，一定要把窗户打开通风，以消除室内不良的气味。

通风换气应根据房间条件与气温情况灵活掌握，但开窗时间一般不少于20～30分钟。如夏天门窗要经常打开；冬天也千万不能因天冷或怕风而长时间关闭门窗。

特别提示

人口较多的居室更要注意通风换气，如果家中主人或招待客人需要吸烟时应及时打开窗户，减少烟雾在室内停留的时间。

二、消除居室异味

由于居室中常弥漫着各种异味，因此家艺师要经常采用换气消除法，来消除室内异味。

（1）在客厅、卧室、卫生间里喷洒空气清新剂，使室内空气清新、消除异味；也可用一些专门为卫生间设计的除臭清香剂去除卫生间异味。

（2）将新鲜橘皮切碎掺入液肥中一起浇花，可以消除有花卉房间里的花卉臭味。

（3）新装修房间会有甲醛的味道，可用一些专用喷剂喷在油漆表面，中和甲醛味道。

（4）在抽屉、立柜、衣箱中放上肥皂可以消除霉气味。

（5）如果养了宠物，可使用专用空气净化气去除异味。

三、居室简易消毒

居室简易消毒的方法有以下几种：

（一）通风暴晒消毒法

利用日光暴晒消毒是最简单的自然消毒方法。将被褥、衣物放到阳光下暴晒，可以杀菌、消毒。在暴晒时，要把被暴晒物放在日光下直射，衣物、被褥需要铺开，并反复翻动，保证面面晒到。

（二）熏蒸消毒法

采用食醋熏蒸方法对室内空气进行消毒。首先将门窗紧闭，按10毫升/立方米食醋的标准加同等量的水倒入锅内熏蒸或搪瓷瓶内，放在火上加热、熏蒸。冬天也可放在暖气上或暖气旁边，不仅起到杀菌的作用，还可加湿空气。

（三）煮沸消毒法

煮沸消毒时应使用带盖、洁净的金属容器，也可用高压锅。在煮沸消毒容器内加入凉水，放入被消毒物品，然后加热，从水沸开始计算时间，一般煮沸30分钟即可。

（四）微波消毒法

对于日常用品可采用微波炉进行消毒。消毒时，打开微波炉，放入被消毒物品，将火力定在高火位置，两分钟后取出，即可消毒。

（五）消毒柜消毒法

消毒柜可对餐具、茶具、酒具进行消毒。消毒时先将餐具洗干净，将水倒净。餐具放入消毒柜时，餐具之间必须留有空隙，以取得良好的消毒杀菌效果。

（六）化学制剂消毒法

根据消毒液使用说明，将一定比例的消毒液倒入水中，用抹布蘸消毒液水擦拭家具及卫生间用具进行消毒。

四、居室防尘、除尘

由于空气中的尘埃很多，容易污染室内环境，因此要对居室进行防尘、除尘操作。

（一）室内容易积灰的地方

床下、沙发下、家用电器周围最容易积尘。

（二）防尘、除尘方法

用吸尘器吸取或用湿拖布清除地面尘土，用湿抹布擦拭家用电器上的尘土。使用空气加湿器也能有效降低室内灰尘污染，可以使居室中空气如水洗般清新，同时也能起到去除干燥的作用。尤其是玩具过多的儿童房间，放置空气加湿器即可达到降低尘土污染作用，对儿童健康有好处。

五、居室防潮、治潮

每年夏秋季节或梅雨季节，居室湿度非常大，家艺师应该掌握一定的防潮、治潮方法。

（一）适时通风法

在返潮严重季节，注意控制开启门窗时间。在清晨或傍晚前后，以不开启门窗或少开启门窗为宜。

（二）家电除潮法

最好在中午或天气晴朗时将门窗全部打开，使居室内空气流通，以利水分、湿气蒸发。在南方梅雨季节时，经常使用家用电器，如电视机、录音机等，这样做不仅可防止家电受潮，而且还可以利用家电产生热量在一定程度上缓解室内潮气。

（三）清洗法

在居室内已经很潮湿的情况下，用拧干的湿抹布或湿拖布分别清洗、擦拭室内家具或地面。经过清洗、擦拭的家具或地面不仅不会更加潮湿，反而会由于表面凝结的潮气被除去，其返潮程度都将有好转，看起来既干爽又干净。

（四）投放吸湿物法

锯末粉也是一种吸湿力很强的物品，可将其撒在易于清扫的地面上。在居室门口放置棕垫也可以防止室内潮湿。

特别提示

在进入室内之前，先在棕垫上揩净鞋底污物和水气，便能防止将室外潮气带入室内，同时也有利于室内清洁卫生。

（五）空调除潮法

一般空调都有除潮功能，根据实际需要以及湿度调节使用。

（六）木地板除潮法

如果雇主家铺设的是木地板，也可起到防潮作用。注意避免在室内晾湿衣服和放置雨伞、雨衣、湿鞋等，避免增加室内湿度。

六、室内虫害防治

（一）蟑螂防治

预防是治理蟑螂的关键。要注意厨房清洗，妥善保存好食品。及时清除油污，清理好垃圾，注意防止食物残渣留在地面。

（1）投放毒饵。将毒饵从包装袋中倒出，均匀撒布在蟑螂栖息的地方和活动场所。

（2）使用胶饵。胶饵成凝固状，将胶饵点到厨房、橱柜门缝里，尽量点在使小孩摸不到和宠物碰不到的地方。

（3）室内密闭熏蒸。采用熏蒸的环境必须是密闭的，防止漏气。首先打开所有橱门，在电热熏蒸容器内放入药剂，接通电源，用胶带封闭房门，密闭40～60分钟后，打开门窗，使空气对流。

（4）使用安全无毒的蟑螂屋。将蟑螂屋放置在厨房角落，通过蟑螂屋散发气味吸引蟑螂，防止蟑螂滋生和繁殖。

（二）苍蝇防治

在家中关闭门窗，向空中喷洒专用灭蝇喷雾剂（距墙壁、家具约1米），以达到消除苍蝇的作用。

（三）蚊子防治

驱蚊首先是选用电蚊香、灭蚊药水等，使用时要根据说明书正确操作。也可选择杀蚊气雾剂灭蚊。喷射前，先关闭门窗，距墙壁、家具1米处喷射，使房间布满气雾，10分钟后打开门窗通风。

（四）蚂蚁防治

在家中发现蚂蚁时，首先要选购专用灭除蚂蚁的药品，如饵料、气雾剂等。

（1）使用饵料时，先按水平方向轻轻旋动上盖，在蚂蚁出没的地方放置饵料，引诱蚂蚁，然后将其杀死。

（2）喷射气雾剂。向蚂蚁经常出没的地方喷射气雾剂，以达到消灭蚂蚁的目的。由于蚂蚁喜欢甜食，也可以用切碎的水果来吸引蚂蚁，然后用杀虫剂喷洒于食物上，将其杀死。

特别提示

每天做完饭后及时清理台面，并用抹布擦拭干净，脏东西要及时扔掉，厨房垃圾要及时清理。

（五）螨虫防治

当家中发现有螨虫时，可以采取以下方法进行防治：

（1）经常使房间保持通风，因为60%以下空气湿度可使螨虫或霉菌难以生存。

（2）螨虫在卧室里主要藏身之地是床垫或卧具，要经常在床垫上喷洒专用杀螨剂，卧具要经常晾晒。

（3）如果在卧室中铺设厚地毯，应经常喷洒专用杀螨剂除螨，以保持卧室清洁。

（4）家中毛绒玩具也容易有螨虫，经常用除螨喷剂除螨并定期晾晒。

第二节　客厅保洁

一、客厅清洁程序

客厅的清洁程序，主要包括以下几步：

（1）打开窗户，使空气流通，保持室内空气新鲜。

（2）收拾茶几，同时倒掉烟灰，清理水杯，倒掉杯中的茶叶。

（3）将洗好的烟灰缸、水杯等放回原处摆放整齐。

（4）擦家具时，要先上后下，从左往右或从右往左擦。

（5）门、窗户、墙壁定期清洁，注意工作安全。

（6）清洁地板、沙发底下的灰尘杂物及暗藏部分。

（7）所有卫生做完后再仔细检查一遍是否有遗漏的地方。

（8）整理工具时，要将保洁工具清洁干净摆好备用。

二、客厅沙发清洁保养

（一）客厅沙发清洁

（1）用干净毛巾蘸上沙发专用清洁剂在沙发脏污处进行反复擦拭。擦拭时要从污渍外围向内擦，最后再用抹布蘸清水擦去清洁剂即可。如果是布艺沙发不能用太多水擦拭，否则容易受潮。

（2）沙发外罩如果出现脏污时可拆下来清洗，但不能用水洗，也不能漂白，应该干洗。

（3）对沙发要定期进行清洗。在清洗前，要先用吸尘器吸取表面灰尘，以免用水擦拭后留下污点。

（二）客厅沙发保养

（1）每周对沙发进行一次吸尘，定期把沙发垫拿到阳台晒晒。如果发现有线头松脱，不能随便用手去拉扯，应该用剪刀小心平整地剪好，防止脱线更严重。

（2）平时要保持室内通风，以免灰尘阻塞住沙发毛孔。可在沙发上面垫上沙发巾以免弄脏沙发。

（3）不要坐在沙发扶手和靠背上；不要让小孩在沙发上蹦蹦跳跳，以免使沙发失去弹性。

（4）避免让小孩在沙发上乱涂乱画，钢笔、油笔在沙发上留下的痕迹很难祛除。

（5）不要让太阳直晒客厅沙发，不要靠近高温地方，容易让沙发里海绵老化，也不要把沙发摆放在离暖气很近的地方。

（6）避免利器或尖锐物划伤沙发表面。有人吸烟时要注意不要让烟头等掉到沙发上。

相关知识：

不同类别沙发的清洁

1. 皮制沙发用化学抹布擦拭

在夏天，皮制沙发坐过之后容易留有汗水，很容易沾上污垢。因此，要先用湿布将它湿润，然后将家庭专用洗洁剂滴在布上，进行擦除，最后用清水清洗一次即可。如果沙发上积有黑色污垢，可用化学抹布擦拭。

2. 合成革沙发用家具专用蜡打亮

合成革沙发长久使用后会失去光泽产生暗淡感，此时可用洗洁剂擦拭之后，再打上家具专用蜡。

3. 布艺沙发用蒸气熨斗处理

清除布艺沙发上的污垢时，可用洗涤剂或氨水进行擦拭，注意擦拭时不可过分用力以免使其变白。如果布面起皱，可用蒸气熨斗进行处理。

4. 苏打去除沙发上的果汁

沙发上如不小心滴上果汁，即用一小勺苏打溶于水里，然后用布蘸上苏打水进行擦拭，便可消除污垢。

三、客厅地板清洁保养

在家居环境里，客厅是人聚集最多、使用次数最多的场所。因此，客厅地板清洁养护也显得格外重要。

（一）清除异物、扫除灰尘

不论是何种材质的地板，清扫前都要先把玩具、纽扣等异物捡拾起来，再用吸尘器对地板各角落进行吸尘，特别是通向屋外的玄关和大门口。

（二）一般地板清洁保养

根据地板材质，选择适合的地板清洁剂。

（1）根据脏污程度，将适量地板清洁剂倒入水桶内稀释。

（2）用拖把由室内往门口方向擦拭。

特别提示

如果是角落或地板缝等较不易清理的地方，可用旧牙刷直接蘸地板清洁剂刷洗较难洗的顽垢，也可直接将地板清洁剂倒在抹布上擦拭后，再以清水冲洗即可。

（3）有些地板清洁剂中表面活性剂浓度较高，拖完地后，半湿地面反而更容易沾染灰尘，结果越弄越脏。因此，在购买洗洁剂时要选择有良好商誉的产品。

（三）木质地板清洁保养

（1）切忌用湿拖把直接擦拭，应使用木质地板专用清洁剂进行清洁，让地板保持原有温润质感与自然原色，并可预防木板干裂。

（2）为了避免过多水分会渗透到木质地板里层，造成发霉、腐烂情形，使用地板清洁剂时，应尽量将拖把拧干。

（3）若是表面未经上光处理，不宜接触水，最好在不显眼的地方试用一下，确定没有问题后，再大面积使用。

（4）为避免地板长期踩踏磨损，清洗后可再上一层木质地板蜡保养。但要注意要等地板完全风干后再上蜡，以免蜡层无法完全附着于木质地板上，反而出现白斑。

（四）地毯清洁保养

（1）先用布把吸尘器吸不到的地毯边擦干净，然后再用吸尘器把床底及家具底吸干净。

（2）如果家具被移动过，应将其恢复原位。

（3）吸尘时应从房间内往外吸。

（4）地毯如有污渍，应用刷子清洁。连接门下的地毯应常清洁，确保洁净。

相关知识：

地毯清洁时几种特殊情况的处理

1.压痕

地毯长期被重物压住，会形成压痕，清洁时，可先用蒸汽熨斗在有压痕的地方喷蒸汽，然后再用软毛刷不断拭刷，地毯慢慢就可恢复弹力。

2.香口胶

切勿强行撕起粘在地毯上的香口胶，应用胶袋盛放冰块把香口胶冷却成硬块，便可以把整块香口胶除去，然后用干洗地毯的清洁剂清洁，再用软毛刷把地毯毛刷松。

3.漂白水

若不小心将含有漂白成分的清洁剂滴在地毯上，应立即用纸巾把液体吸干，然后任其风干。注意：不可将湿处抹开，也不能用湿布抹地毯，因为这样做只会令范围扩大。

（五）大理石清洁保养

大理石清洁只需勤于吸尘和用水抹去污渍便可。千万不能用绿水擦拭，以免破坏石材表面的保护层。如果想要让大理石地面在清洁后带有光可鉴人的闪亮效果，可以使用具有水蜡配方的地板清洁亮光剂，擦拭后风干即可。

第三节　卧室保洁

人的大部分时间都是在室内度过的，其中又有1／3以上时间是在卧室内度过的。因此，做好卧室清洁卫生，对促进身体健康有着非常重要的作用。

一、家具清洁与保养

在擦拭家具时，一般可以用干净湿布轻轻擦拭，然后再用干布擦净。油污较多的家具可以用清洁剂擦拭。

（一）木制家具

木制家具怕潮、怕烫、怕磕碰，因此家艺师在清洁时应特别注意。

1. 油污

擦拭有油污的家具时，可先用抹布蘸剩茶水或洗洁精进行擦拭，然后将抹布用清水洗干净，反复擦拭家具上的油污便可。但是注意不能用开水或碱水擦洗，以防脱漆。

2. 水渍

水滴在家具上如果不能立即擦干，会泛起水渍痕迹，可以用湿布盖在水印上，然后用熨斗小心按压湿布数次，让水蒸发出来，水渍痕迹便会消除。

（二）皮革家具

可用湿软布或吸尘器把家具表面污物、灰尘清除干净。

（1）如果局部有不溶于水的污垢，可先用中性清洁液在局部擦洗，然后再用清水擦洗干净。

（2）皮革家具应每个月打一次上光蜡。在皮革家具表面去尘后，将皮革上光蜡均匀喷洒在皮革表面，然后用干净的、柔软的抹布加以擦拭，直至皮革表面无液体蜡为止。

特别提示

在皮革清洁、保养中，不能使用酒精来擦洗。皮革上光时，要等皮革全部晾干后才能进行。

（三）布艺家具

1. 除尘

可用吸尘器或干净毛巾将黏附在布艺家具表面和缝隙里的灰尘和泥污等清理干净。如果局部有擦拭不掉的污迹或污垢时，可以用湿毛巾压在污迹上面闷一会儿，再进行擦拭。如果有不溶于水的污迹，可把清洁剂倒在毛巾上，压在污迹上面闷一会儿，再擦拭即可。

2. 清洁

（1）将毛巾浸入已经配置好的清洁剂水桶里，等到毛巾充分吸收清洁剂后尽量拧干，按照从上往下的顺序对布艺家具进行擦拭清洗。

（2）再用同样方法用清水清洁一遍。如果有污染严重的地方，可以用小毛刷进行局部除污。

3. 吹干

用吹风机将布艺家具吹干。

二、卧室降尘除螨

卧室是家庭生活主要场所，同时也是尘螨的最大寄生地点。

（一）经常通风

螨虫喜欢潮湿、高温、有棉麻织物和有灰土的环境，保持干燥、勤通风是消灭螨虫的最佳方法。

（二）勤晒洗衣物

螨虫特别喜欢在棉麻织物上安家，所以，每两周左右要用50℃的热水清洗一次床上用品。

（三）“湿式”清洁

打扫卫生时，注意要用湿抹布或特制除螨抹布，以减少螨虫滋生。

（四）远离宠物和花肥

肥料中有许多螨虫和真菌，宠物身上有时也会成为螨虫的生存环境。

三、卧室清洁

（一）卧室清洁程序

（1）将灰尘清扫干净，清扫顺序为：天花板→墙壁→地板。

（2）如果是可水洗硬质表面，则可以使用清洁剂，根据说明稀释后大面积擦拭或冲洗。

（3）用干净抹布擦干。

特别提示

对于平时很少清洗的纱窗、铝门，可先用清洁剂彻底刷洗，再用清水冲净晾干。

（二）床垫清洁

1．床罩和床单去屑

家艺师在换洗床罩和床单的同时，可用吸尘器或微湿抹布，将床垫上残留的皮屑、毛发等清理干净。

2．去除床垫污渍

如果床垫有污渍的话，可用肥皂涂抹脏处，再用布擦干净，或用吹风机把湿渍吹干，这样床垫才不会发霉、产生异味。

（三）床垫更换

每种床垫的使用材料和技术都各不相同，因此，床垫并没有一个硬性的有效使用期限。一般情况下，床垫使用8～10年后，弹簧已进入衰退期，此时就应该更换。

相关知识：

如何延长床垫寿命

1. 使用床垫前应该先除去床垫表面的塑料包装袋，这样可以让床垫呼吸到新鲜空气。

2. 新买的床垫在开始使用后，第1年需每隔3个月做上下面和前后方向的翻转动作，让床垫每一部分都能均匀受力，之后约每半年翻转1次即可。

3. 尽量不要在床垫上站立、跳跃或长期坐在边缘位置，这样会缩短床垫使用年限。

4. 为床垫选择适当的床托或床架，以确保床垫得到全面平整的支撑，这样做有助于防止床垫凹陷或损坏。

5. 每周或每个月将床单拿掉数小时，并保持良好的通风透气，确保床垫经常保持干爽、卫生。

6. 切忌用水清洗床垫，如果有水洒在床垫上，应立即用吸湿性强的抹布把水吸掉，再用吹风机吹干即可，但一定要用冷风或温风，绝不能用热风。

第四节　浴室保洁

一、浴室清洁程序

（1）携带工具进入浴室，先开启排气扇或窗门，再开启电灯。

（2）观察整个浴室是否有特别情况或特别要留意的地方。

（3）收集垃圾。

（4）吸尘或扫地，地面上如留有毛发，应予以清除。

（5）清洁水箱。

（6）将清洁剂倒入座厕漂浸。

（7）擦窗门玻璃及镜面。

（8）清洁浴缸、浴帘及浴缸附近的墙身。

（9）擦浴室门及门框。

（10）擦电热水器外壳。

（11）清洁座厕。

（12）清洁洗手盆。

（13）清洁地面。

二、浴室清洁步骤与方法

（一）工具

浴室清洁的工具包括：浴室清洁剂、洗厕剂、百洁布、抹布（干布及湿布各一条）、厕刷、牙膏、手套、水桶。

（二）清洁步骤与方法

浴室清洁步骤与方法见表3-1。

表3-1　　浴室清洁步骤与方法

序号	部位/器物	清洁步骤与方法
1	座厕	（1）将少量洗厕剂倒进座厕里，应先漂浸一段时间 （2）先用浴室清洁剂及湿布擦水箱面，再用干布擦干 （3）将浴室清洁剂喷在座厕板及整个座厕外面，再用百洁布洗擦，用湿布过水，然后用干布擦干厕板 （4）用厕刷洗擦座厕内四周，要特别注意厕内积聚的黄渍，把座厕内冲洗干净。擦干外面，并检查座厕是否能正常使用，盖好厕板
2	座厕水箱	约两星期清洗水箱一次。其步骤为： （1）先关闭进水开关，将水箱盖平放一旁 （2）戴手套搅动水箱内的水，使沉淀物浮起，再按手柄，把污水冲去 （3）喷浴室清洁剂，用百洁布洗刷

续表

序号	部位/器物	清洁步骤与方法
2	座厕水箱	（4）打开进水开关进水，然后按手柄冲去污水 （5）把水箱盖放回原处，在水箱外喷浴室清洁剂，用湿布擦干净，再用干布擦干
3	洗脸盆/浴缸	（1）先清洁出水孔活塞，清除附在上面的废物，如头发 （2）用浴室清洁剂把洗脸盆/浴缸及肥皂盛皿内外清洁干净 （3）过水后，擦干水龙头及洗脸盆/浴缸 清洁浴缸时，可用厚毛巾垫着双膝跪在浴缸外，以方便工作而不会劳损腰骨
4	浴屏	先把浴屏玻璃打湿，然后抹上牙膏，用刷子刷洗浴屏，最后用清水冲净即可
5	浴帘	（1）用清水把浴帘清洗干净，浴帘脚可浸在水桶内清洗 （2）擦干浴帘，并将之打开，避免发霉
6	电热水器及五金件	（1）把电热水器及所有五金件先用清洁剂及湿布擦干净，包括灯饰、面纸盖、毛巾架、沐浴器、浴帘杆、水喉开关及水龙头等 （2）再用干布擦干
7	墙壁及地面	（1）用清洁剂及湿布擦干净 （2）用干布擦干

特别提示

在清洁浴室的同时将乱放的物品放回原位（边打扫边整理）。定期大清洁天花板灯罩、排气扇、浴室墙身、浴缸及洗手盆边位、出水口及储水塞、装饰及摆设物品。

三、浴室保养方法

（一）水龙头

水龙头（花洒）经常会沾到沐浴露、洗发水、洗洁精等，使水龙头镀铬表面

变得没有光泽。可以用中性清洁剂喷在软棉布上，然后轻轻擦拭水龙头，每周一次。千万不要用酸性或具有研磨作用的清洁剂、钢丝球刷洗水龙头。

（二）马桶

先在马桶内放入适量水，用马桶刷清洗一遍后，再倒入5～10毫升的清洁剂或盐酸液，用刷子涂均匀后刷洗。如果污垢较重，可再倒少许清洁剂进行浸泡后再刷洗，直至干净，接着用清水冲干净即可。

（三）陶瓷

先将洁具表面污垢擦洗干净，再用软布蘸上少许白醋擦拭洁具表面或用柠檬果皮擦拭，稍许片刻，洁具就会光亮如新，还会散发出清香。

（四）瓷砖防渗防霉

卫浴间的瓷砖可使用多功能去污膏进行清洁，至于瓷砖缝隙，则可先用牙刷蘸少许去污膏除垢后，再在缝隙处用毛刷刷一道防水剂即可。不仅能防渗，还能防霉菌生长。

（五）玻璃

光洁镜面以及窗户会因为长期与水亲密接触而蒙上水印，变得模糊。可以用喷雾式玻璃清洁剂在一整块玻璃上喷出一个大大的X形，然后把拧干的抹布折好，顺着一个方向擦一圈，等到玻璃七分干时，再用干布擦一遍。还可用旧报纸擦，纸的油墨可以让玻璃光亮如初，还可以把顽固的污垢一并擦掉。

第五节　厨房保洁

一、厨房清洁基本要求

做好厨房卫生应从以下几个方面着手：

（1）经常保持厨房内外的环境卫生，注意通风换气，及时清扫垃圾污物。若厨房门窗是直接通向户外的，则要注意随时关好门窗和纱窗，保障安全。

（2）厨房家具、炊具、餐具要经常清洗、消毒。

（3）各种调料、鲜菜、鲜肉要妥善存放，防止串味变质。

（4）剩饭、剩菜应放在通风阴凉处，不要存放时间过长，食用前要重新加热。米袋、面袋要注意防潮。

特别提示

因玻璃窗多位于高处，可先用玻璃水和擦镜布清洁窗及其他玻璃物品，然后再进行其他物品擦尘

二、燃气灶具清洁

（1）做到随用随擦，这是最简便省力的方法。

（2）做饭菜时若有油污、汤汁粘到灶具上，可随手用抹布擦拭干净。

（3）若燃气灶具上已积有许多污垢，可先浸入面汤、淘米水中清洗后再进行清理。

三、炊具、餐具清洁

炊具、餐具应遵循“用时拿取、用后收放”的原则，不乱堆砌，用一件拾掇一件，这样既省时又省力。

（一）餐具摆放

（1）盘与盘放在一起，碗与碗放在一起，同类型的餐具按照大小及形状顺序放好，以免磕碰。

（2）根据餐具用途分别摆放，经常用的放在橱柜外面，伸手就能拿到，不经常用的放在里面，随用随拿。

（3）摆放餐具时应尊重雇主家的摆放习惯，避免你不在时，雇主不容易拿取使用。

（二）餐具清洁

1. 去除餐具油腻

将餐具放入淘米水或将洗涤剂滴入水中刷洗，然后用清水冲净，或用开水煮的方法进行清洗。

2. 去除杯子茶垢

用细盐末擦洗杯子去除茶垢，也可用牙膏擦拭。

3. 去除叉匙铁锈斑迹

用洋葱切片去除，或用软木塞蘸植物油擦除。锈迹严重的可用炉灰、植物油和机油调制成粥状物擦拭。

4. 去除铜匙锈迹

将铜匙浸入淘米水中泡一泡，擦干即可。

5. 塑料餐具清洁

一般污垢可用布蘸醋或肥皂水擦洗，不能用去污粉，以免磨掉表面光泽。

特别提示

洗涤餐具时，要先洗不带油的后洗带油的；先洗小件后洗大件；先洗碗筷后洗锅、盆，边洗边码放。儿童和病人尤其是患传染性疾病病人的餐具应单独洗涤码放。

（三）炊具清洁

1. 刀具

（1）长期不用的刀具，用完后要放在热水中浸一浸，再擦干放起来，即可避免生锈。

（2）生锈刀具可浸在淘米水中或酸菜缸中，擦净除锈。

（3）腥臭刀具，可用醋、葱、蒜或盐擦一下，再用火烤一烤，即可除腥味。

2. 案板

冲洗案板时不能用太热的水去烫，防止案板炸裂变形。夏天空气潮湿，案板容易发霉，每次用完后，要放在通风处晾干，以免产生霉菌。清洁案板时可在案板上撒上一层细盐，隔几天撒一次，既能杀菌，又能防止案板干裂。

3. 锅

不同类型的锅，其清洗方法不同，具体见表3-2。

表3-2　　不同类型锅清洁方法

序号	类别	操作
1	铁油锅	将油锅放在炉火上，等锅内冒烟时撒一把盐，然后关火，趁热用纸擦拭，锅就会光洁如新。锅中有油烟味可在烧水时放一双无漆的竹筷子，即可消除
2	铝锅	清洁铝锅时不能用钢丝球、盐水或碱水擦洗，而要用百洁布加去污粉，蘸些水，再加上一些洗洁精擦洗
3	不锈钢锅	可用肥皂或洗洁精擦拭，将污渍拭去后，再用干布擦一次即可除去用后产生的白斑

四、厨房清洁诀窍

厨房清洁的诀窍见表3–3。

表3-3　　厨房清洁诀窍

序号	类别	清洁诀窍
1	瓷砖清洁	（1）当瓷砖上沾有又厚又重的油污时，可将卫生纸或纸巾铺在瓷砖上，将去油剂喷洒在上面放置一会儿，然后将卫生纸撕掉，再用干净的抹布蘸清水擦一两次，瓷砖即可焕然一新 （2）对于油污较重的瓷砖，可将卫生纸或纸巾贴在瓷砖上过一晚，或用棉布取代卫生纸，等油渍被纸巾充分吸收后，再用湿布擦拭 （3）对于瓷砖缝等较难清洗的地方，可以用旧牙刷清洗，这样较省力
2	燃气灶清洁	（1）火架。被油或汤汁弄脏的火架，用清洁剂很难处理，最好的方法是水煮火架。先盛满一大锅水，然后放入火架，待水热后，顽垢会被分解而自然脱落 （2）火架的出气孔。火架的出气孔也经常会被汤汁等污垢堵住，造成气体不完全燃烧。所以，最好每周用牙签清理空穴一次，或者用黏稠的米汤涂在灶具上，待米汤结痂干燥后，用铁片轻刮，油污就会随米汤结痂一起除去。如用较稀的米汤直接清洗，效果也不错

续表

序号	类别	清洁诀窍
3	灶台清洁	（1）把百洁布在啤酒中浸泡一会儿，然后擦拭有顽渍的灶台，灶台即可光亮如新。擦拭时，还应更换擦拭面 （2）使用萝卜或黄瓜碎屑蘸清洁剂刷洗，之后再用清水冲洗一遍，除污效果也很好
4	玻璃清洁	（1）可将适量的食醋加热，然后用抹布蘸微热的食醋擦洗，油污很容易就会被擦掉 （2）先用抹布蘸白酒擦拭一遍，窗户上的油污就可轻松除去，再用废报纸进行二次“加工”，玻璃就会变得很透亮了
5	水龙头清洁	（1）如果发现水龙头上有难以清除的水渍，可以将一片新鲜的柠檬片在水龙头上转圈擦拭几次，便能清除 （2）可用橙皮带颜色一面擦拭，无需大力搓，水龙头上的顽渍就能轻松除去了

相关知识：

不同性质污渍的处理方法

1. 微波炉有异味

用玻璃杯或碗盛上一半清水，再在清水中加入少许柠檬汁或食醋，再将玻璃杯或碗放入微波炉内，用大火煮至沸腾。待杯中或碗中的水稍微冷却后，将其取出，再用湿毛巾擦抹炉腔四壁，吸净水分，这样就可以清除微波炉内的异味。

2. 洗手盆胶边发黑

用棉花浸湿漂白水贴在发黑的胶边上，等待 2 ～ 3 小时直至漂白后，再用清水洗净。

3. 瓦煲烧焦

用清水浸烧焦部分，再用钢丝球加清洁剂擦洗（千万不要把烫热的煲即时用冷水冲或浸洗，否则煲会爆裂开）。

4. 抹布或茶杯有顽固污渍

用厨房清洁剂加开水浸泡，待漂去污渍后再用清水过清。

5. 茶壶、热水瓶、电热壶有水垢

将水垢清洁剂倒入容器内，注入热水。几分钟后待水垢脱落，再用清水洗净。

6. 天花板有灰尘

将丝袜绑在棍子的一头儿，然后从天花板中央扫向墙身，因丝袜会产生静电能吸取灰尘。若天花板有明显污渍，用钢丝球或细砂纸轻磨表面。千万不要用湿布，这样容易留下污渍。

本章习题：

1. 如何消除居室异味?
2. 居室简易消毒的方法有哪几种?
3. 居室防潮、治潮的方法有哪几种?
4. 客厅清洁程序主要包括哪几步?
5. 简述木质地板的清洁保养方法。
6. 简述卧室清洁常识。
7. 简述浴室清洁方法和步骤。
8. 厨房清洁的基本要求有哪些?
9. 简述炊具的清洁方法和步骤。
10. 瓷砖的清洁方法有哪些?

第四章

厨艺操作技能

本章学习目标：

1. 了解蒸馒头的注意事项。
2. 了解冷菜的制作方法。
3. 了解热菜的制作方法。
4. 掌握蔬菜加工的基本方法。
5. 掌握刀工的基本原则。

第一节　主食制作

一、米饭

（1）制作米饭时要用不含矿物质的“软水”（比如煮开后的自来水或井水），因为矿物质（尤其是钙）是淀粉老化的“催化剂”。老化后的淀粉不仅口感变差，消化吸收率也随时降低。

（2）刚做熟的米、面食品不要急于揭开锅盖，在关火后再焖5分钟左右，使水分能够均匀散布在米粒之间，吃起来口感更好。

特别提示

做米饭时用热开水，和面时用冷开水或温开水。这样，由于水中矿物质已被沉淀，不再起催化和老化作用，从而可以延缓对主食中淀粉的“老化”。

（3）用高压锅做出的米饭老化时间可延迟5小时以上。

（4）做米饭时加点植物油或糯米，做面食时加点油脂或糖、蛋白质，均可延缓其老化过程。

（5）剩饭重新蒸煮时，可往蒸锅水里放点食盐，可除去剩饭的异味，吃时口感像新煮出来的饭。

（6）在煮饭水里加几滴色拉油，可使米饭粒粒晶莹。滴几滴柠檬汁，则可使饭粒柔软。要煮一锅蓬松的米饭，可在锅里撒一点盐。煮饭时加点醋能防米饭变馊。

二、馒头

馒头是家庭常见的主食之一，怎样才能把馒头蒸制得既松软、又有筋力，以

下方式可供参考。

（一）和面

（1）洗净双手与和面盆。

（2）在和面盆中放入2～3小碗水，根据需要可适量增减。

（3）在和面盆中放入适量酵母粉，用手搅拌均匀。

（4）用碗盛一大瓢白面，也可添加少许玉米面，一边倒入面盆中，一边用另一只手搅拌。

（5）一只手用力扶面盆边沿，另一只手用手背发力蹭面盆的边沿，直到盆边无黏着的面为止。

（6）搓双手，至双手无黏着的面为止。

（7）双手用压手腕的力量挤压面块，反复挤压，至面块柔软光滑。

（8）盖好和面盆，防止上面的面干燥。

（9）将面盆放置在向阳或温暖的地方三四个小时待用。

此外，和面要注意三光，即盆光、手光、面光。和面一般15分钟即可完成。

相关知识：

快速发面的窍门

1.巧配发酵剂

如果事先没有发面而又急于做馒头，可用500克面粉加10克食醋、350克温水的比例发面，将其拌匀，发15分钟左右，再加小苏打约5克，揉到没有酸味为止。这样发面，蒸出的馒头又白又大。

2.用鲜酵母发面

将面粉用温水和好，再将化匀了的鲜酵母液倒入面粉中，把面揉匀后，放入面盆内令其自然发酵（天冷时可在面盆外包上棉絮）。约过5小时，面团发酸，向上拉成条状，即为发面。一般1～5千克面粉用一块鲜酵母即可。若要加快发酵过程，可加大鲜酵母用量。如发好的面酸味过重，可略加小苏打或碱水。

3.用酒加快发面

如果面还没有发好又急于蒸馒头时，可在面块上按一个坑窝，倒入少量白酒，用湿布捂几分钟即可发起。若仍发得不理想，可在馒头上屉后，在蒸锅中间放一小杯白酒，这样蒸出的馒头照样松软好吃。

4. 冬天用糖发面

冬天用发酵粉发面，加上一些白糖，可缩短发酵时间，效果更好。

5. 以盐代碱发面

发好面后，以盐代碱揉面（每500克面放5克盐），既能去除发面的酸味，又可防止馒头发黄。

（二）蒸馒头

（1）整理面板，使其平整、干净干燥，放上面扑。

（2）把发好的面倒在案板上，用手抓少量干面搓面盆内底至干净为止，搓下来的面与大块面放在一起。

蒸馒头步骤示意图，如图4-1所示。

（3）把面揉成长条状，左手把住面块右端，以四个手指并排的宽度为准依次下切，左手左移，注意不要伤着手。

（4）码好面块，并用布盖好，放置两三分钟。

（5）在饧馒头坯的同时，可做锅的整理工作。在锅里放入适量的冷水，浸湿笼布，将笼布平整地放在箅子上。

（6）把馒头坯放入整理好的箅子上，盖好锅盖。

（7）上火蒸，根据馒头坯的大小，掌握时间通常为25～30分钟。

（8）关火，稍等片刻，即可卸笼。

（三）注意事项

蒸馒头要注意以下事项：

（1）夏季用冷水和面，冬季用温水和面，冬季和面、发面应比夏季提前1～2小时。和面时要一点一点地加水，以免一次加水过多。

（2）和面要多搓揉几遍，促使面粉里的淀粉和蛋白质充分吸收水分，和好的面团要保持一定的温度，以30℃为宜。

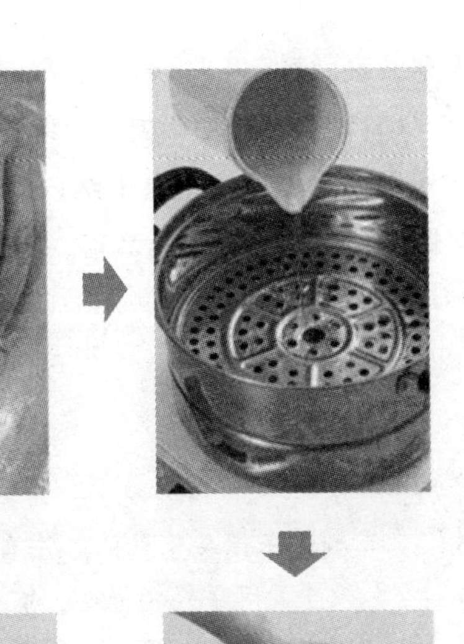

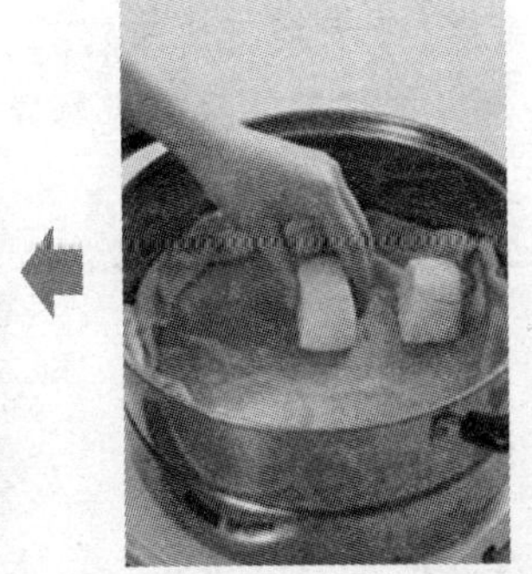

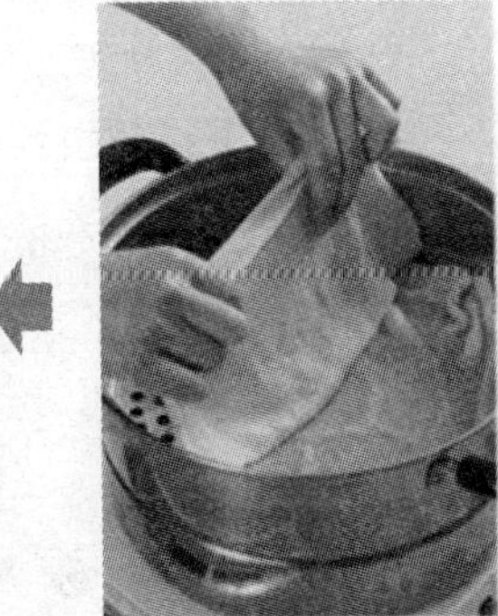

图4-1　蒸馒头步骤示意图

（3）当面已涨发时，要掌握好发酵的程度。如见面团中已呈蜂窝状，有许多小孔，说明面已经发酵好。蜂窝状面体的孔越大，说明发酵得越老，甚至要发过头了。

特别提示

如果在发面里揉进一小块猪油，蒸出来的馒头不仅松软、洁白，而且味香可口。

（4）蒸馒头时，锅内须用冷水加热，逐渐升温，使馒头坯均匀受热。切忌一开始就用热水或开水蒸馒头，这样蒸制的馒头容易夹生。

（5）笼屉与锅口相接处不能漏气，有漏气处须用湿布堵严。用铝锅蒸馒头时，锅盖要盖紧。

（6）馒头蒸熟后不要急于卸笼，先把笼屉上盖揭开，再继续蒸3～5分钟，最上层一屉馒头皮很快就会干结，再把它卸下来翻扣到案板上，取下笼布。这时的馒头既不粘笼布，也不粘案板。稍等1分钟再卸下第二屉，依次卸完。这样，馒头既干净卫生，又不浪费。

特别提示

判断蒸馒头生熟的方法有三种：

（1）用手轻拍馒头，有弹性即熟。

（2）撕一块馒头的表皮，如能揭开皮即熟，否则未熟。

（3）手指轻按馒头后，凹坑很快平复为熟馒头，凹陷下去不复原的，说明还没蒸熟。

三、面条

（一）挂面

（1）煮挂面时不应等水沸腾了再下挂面，而应在锅底里有小气泡往上冒时就下挂面，然后搅动几下，盖好盖，等锅内水开了再适量添些凉水，等水沸了即熟。

（2）煮挂面时不要用大火。因为挂面本身很干，如果用大火煮，水太热，面条表面易形成黏膜，煮成烂面糊。

（3）用中火煮，随开随点些凉水，使面条均匀受热。

（二）手擀面

手擀面制作见表4−1。

表4−1　　手擀面制作

序号	步骤	操作说明
1	和面	和面平时用凉水就行，天气冷时就要改用温水和面。水不要一次加完，要渐渐加入，既能和出口感筋道的面，还可根据面粉湿度把握加水量。手擀面和硬点，煮出的面条才筋道

续表

序号	步骤	操作说明
2	揉面	揉面时，先一前一后往下揉，然后搓面往里转。手法得当的话，15分钟就能和出一团好面。面团揉的时间越长，做出的手擀面越筋道
3	饧面	饧面就是在室温下静置。用保鲜膜把揉好的面团包起来，或是用湿毛巾盖上，饧10分钟到半小时即可
4	擀面	注意双手用力要均匀，擀得厚薄一致，下锅才会同时熟。为了不粘到案板和擀面杖上，隔一段时间就要往面片上撒一些面粉
5	叠面	将擀好的圆面片一层层往返叠起，若有需要，也要在这时撒些面粉以防粘黏
6	切面	面条宽度，从韭菜叶宽到一指宽甚至两指宽都可，根据各人喜好而定
7	抖面	面切好后即刻将其抖散开来，再撒些面粉

四、饺子

（一）和面

（1）取温开水一杯，水里放少许盐，面粉里放进鸡蛋，如图4-2所示。

图4-2 和面

（2）将水徐徐倒入盆中，用筷子不停地搅动，感觉没有干面粉、都成面疙瘩的时候，就可以用手和面了。揉面要用力，揉至面的表面光滑即可，这时要做到“三光”，即面光、盆光、手光。

（3）和面要提前，因为要有饧面的过程，最好早上和好面，下午包饺子。

（二）拌馅

（1）如果4个人吃，用大约重500克的肉馅即可。肉馅里放入盐、味精、姜末、酱油、料酒、香油、水（高汤最好），还可以根据雇主家的口味适当加点调料。

(2) 顺时针搅拌肉馅，感觉所有的东西都融合在一起即可。

特别提示

拌好的肉馅放半个小时为好，叫煨。这时肉和作料融合在一起，比较好吃。

(3) 选择你喜欢的蔬菜，一般用大白菜加些韭菜。韭菜切成小粒，大白菜要剁碎。

(4) 白菜水分很大时，要用纱布把水挤干，与韭菜一起放入肉中搅拌，最好尝一尝馅的咸淡。

（三）揪面团

(1) 取出饧好的面团，将面团大致分成4份，这样可以避免包的过程面皮干了。如图4-3所示。

图4-3 面团分成4份

(2) 先拿出一份面团，剩下的面团放回盆中，用盖子盖好，或者用毛巾盖上，防止水分蒸发，如图4-4所示。

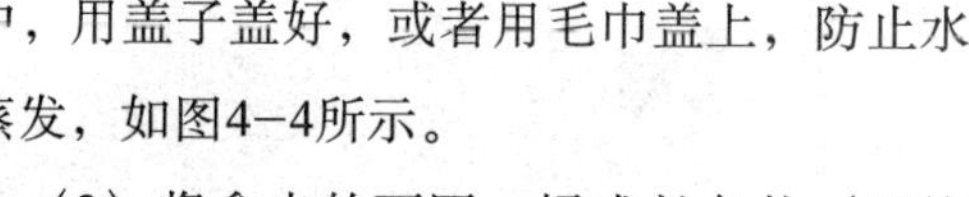

(3) 将拿出的面团，揉成长条状（圆柱形），用刀切成小段（宽度2.5厘米大小），也可用手揪。用刀切时，要注意每切一刀后将面团转个方向为好，如图4-5所示。

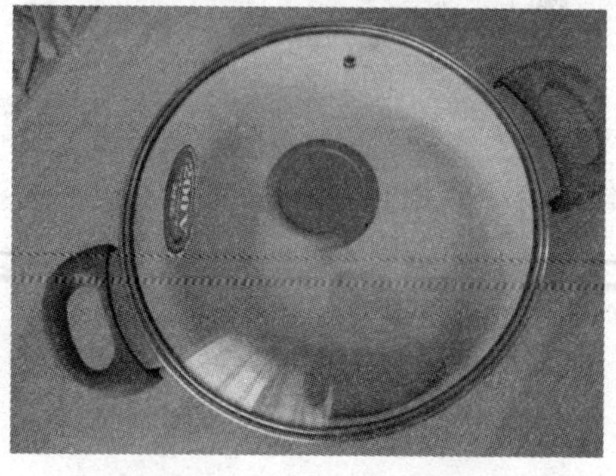

图4-4 盖子盖好面团

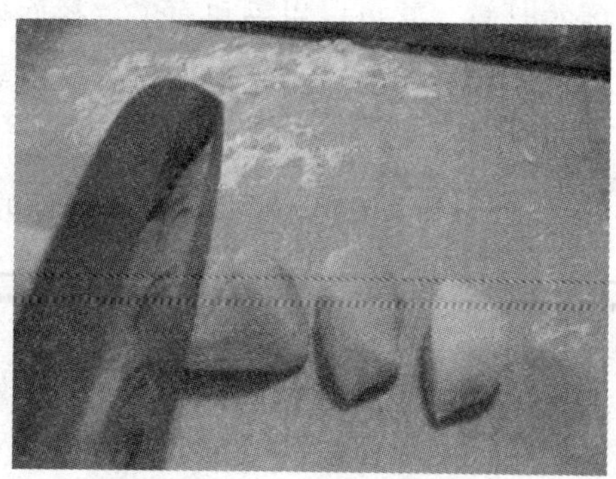

图4-5 小段面团

（四）擀皮

图4-6　擀皮

（1）将切好的小面段，用手搓成扁平状，样子有点像飞碟，如图4-6所示。

（2）拿擀面杖擀的时候，要注意中间厚边缘薄；中间厚防止饺子漏馅，边缘薄吃起来口感好。

饺子皮不要一下擀很多，看包饺子的速度，一般富余五六个即可，否则时间长面皮干了就不好包了。

（五）包饺子

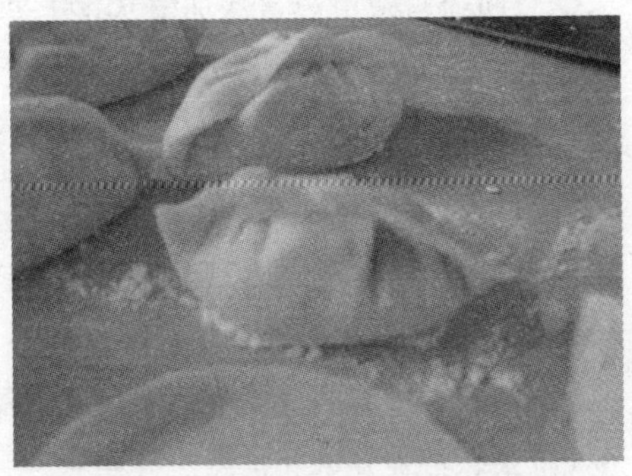
图4-7　饺子底部蘸少许面

（1）将饺子馅放入皮中央，如果技术不熟练的话，不要放太多馅。

（2）先捏中央，再捏两边，然后由中间向两边将饺子皮边缘挤一下，这样饺子下锅煮时就不会漏汤了。

（3）每个饺子包好时，要在饺子底部蘸少许面，以防止饺子粘在盘子中，如图4-7所示。

（4）找个大盘子，将包好的饺子整齐地码放在上面。

（六）煮饺子

图4-8　煮饺子

（1）煮饺子的水要多，要加适量盐，增加饺子皮的耐煮力。

（2）水沸了再放饺子下锅，煮的过程中要不时充分搅拌，以防止饺子粘锅，如图4-8所示。

（3）不要让水沸腾得太厉害，否则饺子容易破裂，可在水开后，添入少许凉水，待水开后再加凉水，如此反复三次便可。

（4）煮速冻饺子时要观察饺子的形态，饺子下锅后会慢慢变软，如果饺子漂浮在水面上，饺子皮凹凸不平，则表示饺子已煮熟。

（5）速冻饺子冻的时间太长，饺子皮的水分会蒸发掉，饺子不容易煮熟，还会有点夹生，所以不宜用大火猛煮，要用中小火慢慢煮透饺子。

五、馄饨

馄饨为面食小吃，南北方都有，只是各地对馄饨叫法不同，如四川叫“抄手”，广东叫“云吞”，福建叫“扁肉”“扁食”，北京、上海等地叫“馄饨”。

将面粉与碱用鸡蛋清加清水揉上劲，擀薄后用刀切成9厘米左右正方形馄饨皮子备用。

特别提示

馄饨皮可以去大型超市中买一些做好的成品。拌馅时，葱姜末要少放甚至可以不放，以免夺走馅料的鲜味，打馅的时候也可以加入鸡蛋，增加鲜味及口感。

馄饨既可作点心，又可作菜肴，是人们最普遍又最受欢迎的小吃。按包法和形状的不同，馄饨通常分为官帽式、枕包式、伞盖式、抄手式四种。

（一）官帽式

官帽式馄饨制作主要步骤为：馅料放在馄饨皮中间；沿面皮对角线对折成三角形；在面皮两端上各抹少许水；用手拿起面皮折叠后按紧；只折面皮一端，另一端还是呈三角状直立，如图4-9所示。

（二）枕包式

枕包式馄饨制作主要步骤为：馅料放在馄饨皮中间；面皮对角相互对折；面皮左边抹少许水后折上来；面皮右边也抹少许水搭在左边面皮上；面皮所有封口朝下，反扣朝上放（宽度可以自行调整成长方形或正方形），如图4-10所示。

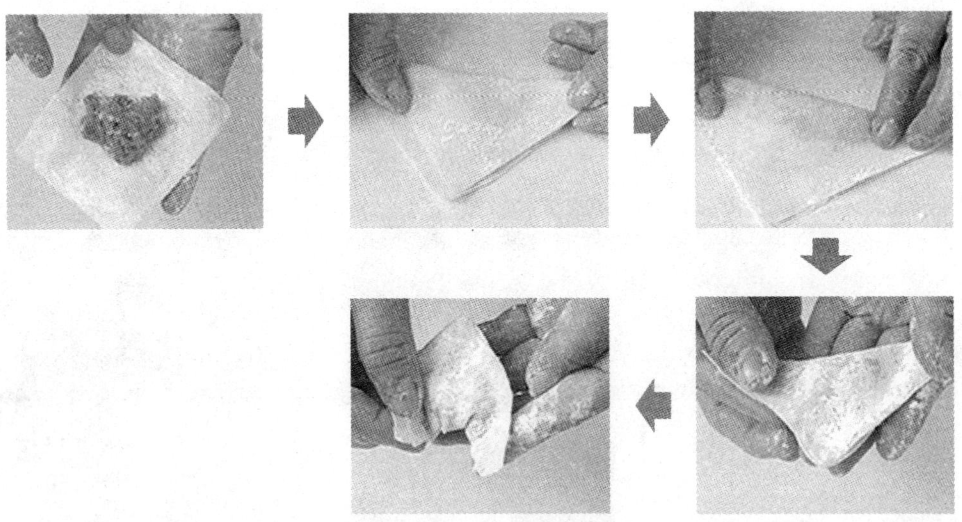

图4-9　官帽式馄饨制作步骤

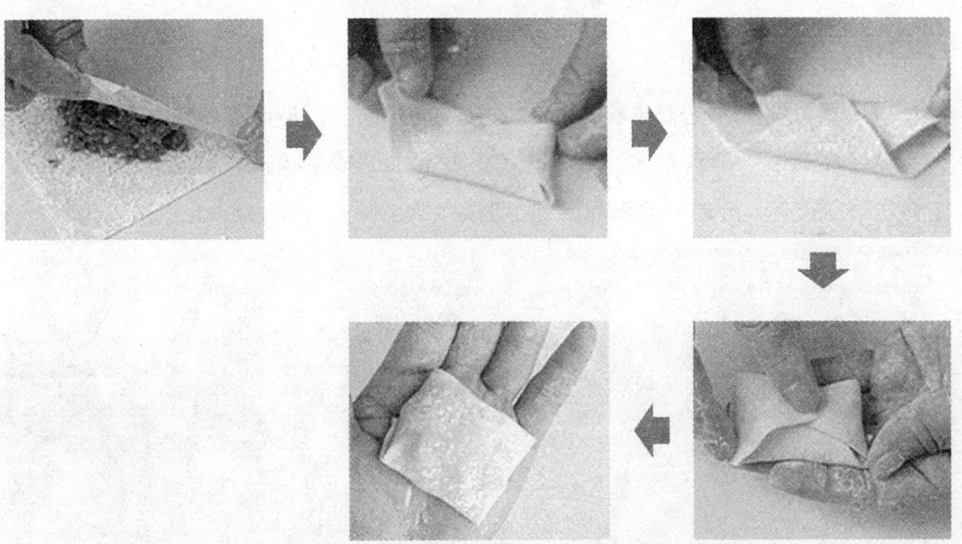

图4-10　枕包式馄饨制作步骤

（三）伞盖式

伞盖式馄饨制作主要步骤为：在馄饨皮上抹一层肉馅；用指尖将面皮边上四周聚拢；面皮左边抹少许水后折上来；再用虎口捏紧封口；反扣成形，即为伞盖式馄饨的两种成品，如图4-11所示。

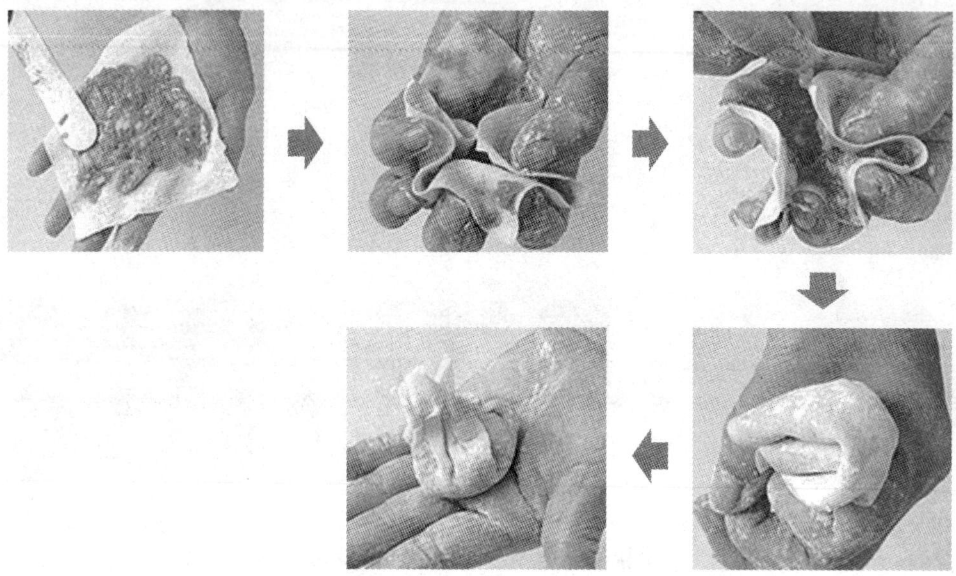

图4-11 伞盖式馄饨制作步骤

（四）抄手式

抄手式馄饨制作主要步骤为：肉馅放在馄饨皮上；沿面皮对角线对折成三角形；在面皮其中一角蘸点水，将另一角折叠上去成抄手状；将面皮两端拉整齐使馅料在中间鼓起，形成两端翘起的元宝造型，如图4-12所示。

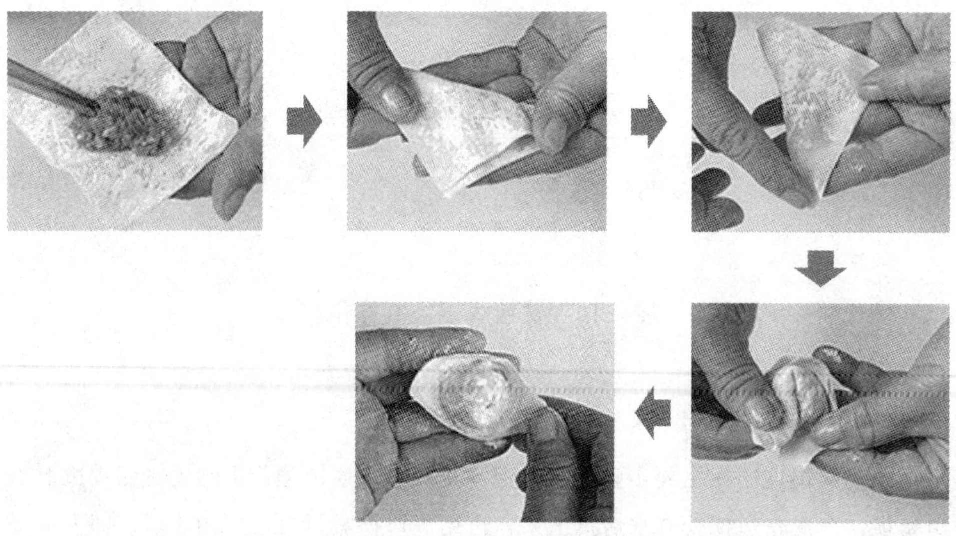

图4-12 抄手式馄饨制作步骤

第二节 菜肴制作

一、烹饪原料初加工

（一）蔬菜初加工

蔬菜初步加工基本方法见表4-2。

表4-2 蔬菜初步加工基本方法

序号	方法类别	具体操作
1	浸洗	把蔬菜放在水中浸泡
2	剪择	用剪刀剪或用手摘，去掉废料，再把蔬菜加工成适合烹调的形状
3	刮削	用刀去除蔬菜的粗皮或根须
4	剔挖	用尖刀清除蔬菜凹陷处的污物，掏挖瓜瓤
5	切改	用刀把蔬菜净料切成菜品需要的形状
6	刨磨	用专用的和特种的刨具、磨具把蔬菜刨成丝、条、片或磨成蓉状，如姜蓉。也可以用粉碎机加工成蓉状

（二）水产品初加工

宰杀鱼基本步骤，主要包括：

（1）放血。使鱼肉无血污、无腥味。

（2）打鳞。用鱼鳞刨刀从鱼尾部向头部刨出或刮出鱼鳞。

（3）去鳃。鱼鳃既腥又脏，必须去除。

（4）取内脏。

（5）洗涤整理。取内脏后，继续刮净黑腹膜等污物，整理外形，用清水冲洗干净。

（三）干货涨发

干货涨发方法主要包括水发法、火发法、碱发法、油发法、盐发法。

1. 水发法

一般采用水发法的干货原料类别及其涨发方法的具体内容见表4–3。

表4–3　　水 发 法

序号	干货原料类别	涨 发 方 法
1	木耳	将木耳直接放在冷水中浸泡发透，摘去其根部及杂质，用清水洗净后浸泡备用
2	冬菇	将冬菇放入开水中泡软，捞出后摘去根并用清水洗净，再在清水中浸泡30～40分钟
3	玉兰片	先将玉兰片放入淘米水中浸泡10小时以上，然后放入冷水中煮开，再在慢火上加热半小时，捞出后泡在开水中至发透为止
4	发菜	先除去发菜中的杂质，然后用温水泡软
5	银耳	先将银耳中的杂质除去，再放入温水中浸泡半小时，接着摘去硬根，洗净后再用凉水泡软
6	圆蘑	将圆蘑放入开水中浸泡半小时左右，再用温水洗净，剪去硬根，用手撕开，另换凉水冲洗干净，泡软
7	口蘑	将口蘑放入容器中，用凉水清洗干净，加开水浸泡半小时左右即可
8	香菇	将香菇放在开水中浸泡1小时，之后用温水洗净，摘去伞柄的下部，放入容器内加开水浸泡几小时即可
9	猴头菇	先将猴头菇用温水冲洗，除去灰尘，再放入温水中浸泡3～4小时。待回软后捞出，取下猴头菇的芯，再用清水冲洗干净
10	黄花菜	将黄花菜用温水浸泡回软后捞出，摘净顶部硬梗及杂质，再放冷水锅中煮沸，捞出后用凉水浸泡后即可使用
11	百合	将干百合洗净后放入容器内，加水后盖上盖子浸泡半小时，然后洗净杂质
12	葛仙米	将干葛仙米用温水洗净，再放入碗内用热水浸泡回软
13	龙须菜	先用清水将龙须菜洗净，再换清水浸泡回软即可

续表

序号	干货原料类别	涨发方法
14	白果	（1）先将白果放冷水锅中煮沸，然后离火，用刷子用力向锅中白果戳插，使其脱皮，同时迅速将果仁取出，用水冲洗，以免染上红色 （2）如还有残皮，可再加热戳插，反复进行，直到皮剥净为止 （3）最后将果仁装入容器，加水上屉蒸15～20分钟，取下静置5～6小时即可
15	干贝	将干贝洗净，除去外层老筋，在容器内加清水后，放入干贝并蒸2小时
16	鱼翅	（1）将鱼翅边缘剪掉，用热水煮3～4小时，取出刮沙，去掉翅根，用清水漂洗干净 （2）放入锅中煮5～6小时，离开火后静置几小时后取出，剔除脆骨和余骨，洗净放入盛器
17	海米	将海米用凉水洗净，放入容器中，加盖并用热水浸泡半小时以上即可
18	海蜇	将干海蜇用冷水洗净，切成细丝后用开水烫一下，再用凉水洗净，浸泡3～4小时即可
19	蛏子	将蛏子用清水洗净，急用时可放温水中浸泡5～8小时，捞出洗净即可；平时用凉水浸泡10～15小时，捞出洗净即可

2．油发法

一般采用油发法的干货原料类型及其涨发方法的具体内容见表4–4。

表4–4　　油发法

序号	干货原料类别	涨发方法
1	干蹄筋	（1）将干蹄筋放入温油锅中，然后将油温逐渐升高，同时用勺不断搅动，待蹄筋漂起并有气泡产生时，将锅移开，稍微冷却，待气泡消失后，再继续加热 （2）待干蹄筋全部涨发起来后，稍微喷些水，直至全部涨发饱满时捞出，沥干油后，放入热碱液中浸泡15分钟左右，捞出洗净即可

续表

序号	干货原料类别	涨发方法
2	鱼肚	（1）将鱼肚擦干净，放入温油锅中，再逐渐将油温升高 （2）待鱼肚完全膨胀后，改用小火将鱼肚压入油内使其发透，并不断翻动，然后捞出鱼肚，放入容器中并用凉水浸泡回软 （3）将鱼肚捞出后放锅中，加少许碱煮沸，再捞出用温水洗净
3	鹿筋	（1）将鹿筋用温水洗净，用抹布擦去其表面水分，放阴凉处风干 （2）将鹿筋放入温油锅中，再将油温逐渐升高，直至鹿筋全部变硬 （3）取出鹿筋用热碱水冲洗干净，再用温水浸泡回软即可

3. 碱发法

一般采用碱发法的干货原料类型及其涨发方法的具体内容见表4–5。

表4–5　　碱发法

序号	干货原料类别	涨发方法
1	鱿鱼	（1）将干鱿鱼放在冷水中浸泡回软，取出放在配制好的碱水中 （2）用熟碱水一般需浸泡8～12小时，用生碱水所需的时间更长一些 （3）待用手捏鱿鱼能感到肉质富有弹性时取出，用清水漂洗干净后浸泡备用
2	鲍鱼	（1）将干鲍鱼洗干净，放在温水中浸泡24小时 （2）换水烧煮鲍鱼1小时，捞出放入配制好的碱水中，浸泡至完全回软 （3）用清水反复漂洗干净
3	莲子	（1）在容器内放入开水，再放入碱水溶液（水：碱=20：1） （2）加入莲子，用刷子搓揉3～4分钟后捞出，放入另一盛开水容器中，继续搓刷，反复进行直到皮净发白为止 （3）削去莲子顶端小芽，切去下端，用竹签捅出莲芯，然后放入容器中加水上屉蒸15～20分钟 （4）去掉原汤，另放入清水即可备用

4. 盐发法

一般采用盐发法的干货原料类别及其涨发方法的具体内容见表4-6。

表4-6　　盐发法

序号	干货原料类别	涨发方法
1	鱼肚	（1）将盐用温火炒热，除去水分 （2）将鱼肚不断翻炒，待开始膨胀时，埋入盐中焖2分钟，再反复翻炒1小时左右 （3）将鱼肚折断，若无白心则说明已发好 （4）将鱼肚放入冷水中备用
2	蹄筋	（1）1千克干蹄筋需用2.5千克盐 （2）将盐放入锅内翻炒，使其水分挥发后，再放入蹄筋翻炒，待有"劈啪"声时，迅速翻动至涨大膨松 （3）将蹄筋放在小火上翻炒，如能掰断则表明已发好 （4）用时先以热水浸泡，再用清水漂洗干净即可
3	肉皮	（1）将盐下锅炒干，倒在肉皮上，待发出"劈啪"声时翻炒 （2）把肉皮埋在盐中焖十几分钟，再翻炒，待肉皮回软时，改用小火把肉皮用盐埋好焖透，当其卷缩时，表明肉皮已发好 （3）使用时用沸水浸泡回软，用碱水洗出油分，再用温水漂出盐分即可

二、烹饪原料精加工

（一）刀工基本原则

1. 根据原料的不同性质，选择不同的刀法

牛肉要顶着肌肉纹切丝，鸡胸肉要顺着肌肉纹切丝，猪肉要斜着肌肉纹切丝。

2. 适应菜肴和烹调的要求

爆、炒等旺火速成的菜肴，原料要切得细、小、薄；焖炖等小火长时间加热的菜肴，原料要切得大、粗、厚。

3. 原料成形要整齐划一，均匀一致

切原料要做到大小均匀、厚薄一致、粗细相当。

4. 合理用料，清洁卫生，保存营养

合理使用加工后的边角碎料，注意生原料、熟原料要分开加工。

（二）刀法

1. 直刀法

直刀法是指刀与菜墩成直角，适用于动物性及植物性原料，具体包括直切、推切与拉切、锯切、铡切、滚刀切、劈及剁，见表4-7。

表4-7　　直刀法简介

序号	类别	操作说明	图示
1	直切	又叫跳切，从上往下垂直下刀，并垂直提刀	
2	推切	刀与原料垂直，刀由后往前推去，一刀推到底	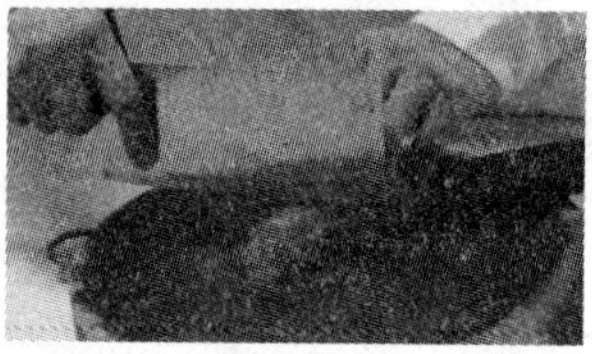
3	拉切	刀由前往后拉，一刀拉到底	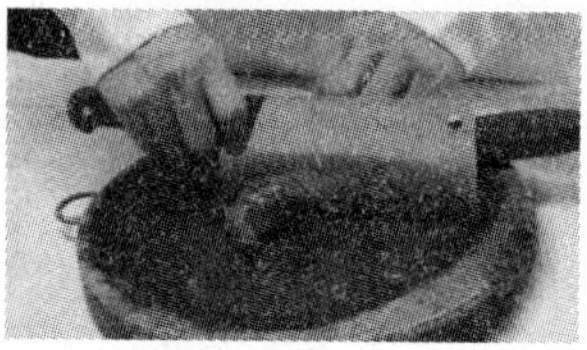
4	锯切	切时刀先向前推，然后再往后拉，像拉锯一样	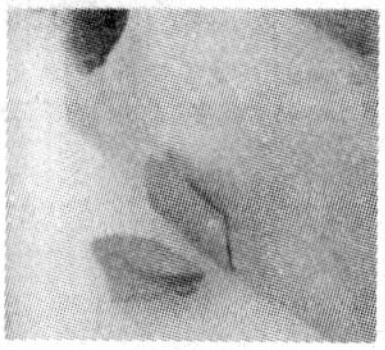
5	铡切	右手提起刀柄，左手握住刀背前端，刀柄翘起，刀尖下垂，在原料所要切的部位上用力压下去。把刀按在要切的部位上，左右两手同时摇切下去，用力要均衡	

续表

序号	类别		操作说明	图示
6	滚刀切		每切一刀，就把原料滚动一次	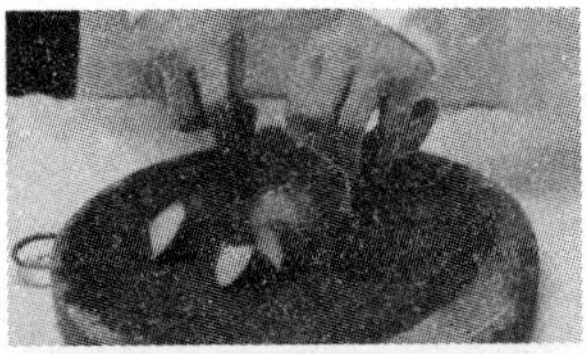
7	劈	直劈	把刀对准要切的部位，用力向下直劈	
		跟刀劈	把刀刃先砍入原料要劈的部位，然后刀使与原料一齐起落	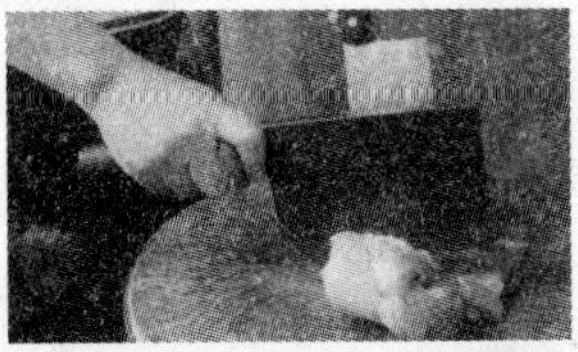
		拍刀劈	刀对准原料要劈的部位，右手握紧刀柄，左手用力拍打刀背，将原料劈开	
8	剁	排剁	双手同时各执一把刀，一上一下地剁下去	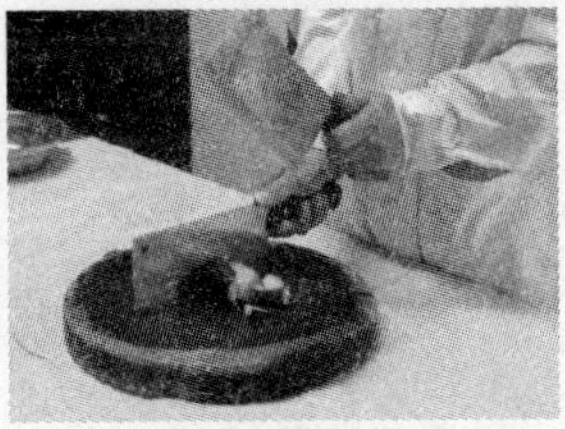
		直剁	左手按稳原料，右手提刀直剁下去	

2. 斜刀法

斜刀法是指刀与菜墩成一定角度，适用于脆性黏滑的原料。斜刀法包括正斜刀法和反斜刀法，具体内容见表4–8。

表4-8 斜刀法简介

序号	类别	操作说明	图示
1	正斜刀法	刀的右侧与菜墩成40°～50°角，运用拉力，左手按料，刀走下侧。正斜刀法适用于软嫩原料，如鸡脯、腰片、鱼肉	
2	反斜刀法	刀的右侧与菜墩成130°～140°角，运用推力，左手按料，刀身斜抵住左手指节。反斜刀法适合脆性而黏滑的原料，如熟牛肉、葱段、姜片等	

3. 平刀法

平刀法是指刀与菜墩平行，适用无骨的动物性原料、韧性原料及脆性的蔬菜。操作时原料按稳用力不要过大，食指与中指间留一空隙。平刀法分为四种类别，具体内容见表4–9。

表4-9 平刀法简介

序号	类别	操作说明	图示
1	平刀批	刀与砧板平行，按要求的厚度，平行批进	
2	推刀批	刀与砧板平行，批进原料后向前推。推刀批适用于煮熟回软的脆性原料	

续表

序号	类别	操作说明	图示
3	拉刀批	刀与砧板平行，批进原料后向后拉。拉刀批多用于韧性原料	
4	抖刀批	为了美化原料，在刀进入原料后可采取波浪式前进的切法	

三、冷菜制作方法

（一）拌

拌是将直接可以食用的或经过加热成熟的原料改刀后，加上调味品拌匀的一种方法。拌主要适用于新鲜质嫩的原料，其形状也以丝、片、条、块为主，如拌肚丝、炒肉拉皮、鸡丝拌冻粉等。

（二）炝

炝是制作冷菜常用的方法之一，所用的调料仅有精盐、味精、蒜、姜和花椒油等几种，成品具有无汁、清爽脆嫩、鲜醇入味等特点。炝菜所用原料多是各种海鲜及蔬菜，还有鲜嫩的猪肉、鸡肉等原料。在此，以炝生菜为例，制作方法如下：

1. 用料

主料：生菜适量。

辅料：色拉油适量、食盐适量、鸡精2克、蒜5克、干辣椒适量、生抽适量、白糖2克、白醋适量、酱油适量、蒸鱼豉油适量、麻油少许。

2. 制作方法

（1）将生菜去蒂、去老叶，洗净用淡盐水稍加浸泡后再冲洗干净。将生菜撕成小块，放入加了冰块的凉白开里泡15分钟左右捞出沥干水分备用。

（2）将热锅放少许底油，下干红辣椒爆香，关火。再加入蒜末、白醋、生抽、酱油、蒸鱼豉油、鸡精、白糖、盐调成味汁。

（3）将调好的底油倒入沥过水分的生菜上，滴少许麻油拌匀即可。

（三）卤

卤是将原料放入调好的汁中煮熟后，再用原汁浸渍入味的一种方法。卤的原料大多是家禽、家畜及其内脏等，如卤肝、盐卤鸡等。

（四）酱

酱是将加工整理好的原料放入卤汁中，用小火加热至原料酥烂时即好的一种方法。酱与卤相似，所以有的地方卤酱方法不分。

（五）白煮

白煮是将原料放入水锅或白汤锅中煮熟，蘸着调料食用的一种方法。白煮适用于新鲜质嫩、味美的原料。一般用于鸡、白肉、鸭及其他鲜嫩动物性原料烹调，例如白斩鸡、蒜泥白肉等。

（六）酥

酥是将原料放入以醋和糖为主要调料的汁中，用慢火长时间加热使原料骨酥味浓的一种方法。

（七）冻

冻是将富含胶质的原料放入水锅中加热，使其胶质溶于水中后再进行调味，经冷却形成凝胶体再食用的一种方法。

四、热菜制作方法

（一）炸

炸是将食物浸在高温的油中，透过油的高温给食物加热的烹调方法，因此又称为油炸。通常是在锅内放入很多油，加热到140～190℃，然后再把食物放进去，使其熟透且表面呈金黄色。这种烹调方法可以用于很多食材的加工，如炸油条、炸鸡等。

（二）烹

烹是将原料改刀挂糊（也有不挂糊的）后，用油炸好倒入清汁颠翻出勺的一种方法。烹是炸的延伸，与炸的区别就多一个烹汁的过程，即调味的过程。

（三）熘

熘是将原料改刀后挂糊或上浆，用油加热成熟，再倒入兑好的混汁搅拌的一种方法。熘与烹的区别在于调味汁上，烹是使用清汁不带芡，而熘是用混汁，而且汁相对较多。在此，以熘肝尖为例，制作方法如下：

1. 用料

主料：猪肝400克。

辅料：黄瓜100克、红椒10克、葱姜少许、盐2克、鸡精1克、白胡椒粉1克、料酒15克、老抽5克、生抽15克、麻油少许、水淀粉15克、白醋2滴、糖2克。

2. 制作方法

（1）准备好所有的食材。

（2）猪肝切薄片，放入清水中浸泡10分钟，加入少许白醋。

（3）黄瓜和红椒洗净全部切菱形片。

（4）取一个小碗，加入生抽、老抽、料酒、糖、白胡椒粉、水淀粉拌均匀成为料汁备用。

（5）泡好的猪肝冲洗干净，加入少许盐、糖、料酒拌均匀。

（6）炒锅到油烧热爆香葱姜。

（7）倒入猪肝滑炒。

（8）猪肝变色坚挺盛出备用。

（9）原锅洗净加入少许油烧热，倒入黄瓜和红椒翻炒均匀。

（10）再把猪肝倒入翻炒。

（11）加入调好的料汁翻炒均匀。

（12）最后淋入香油关火。

（四）爆

爆是将原料改刀后，用急火热油使之成熟，再进行调味的一种方法。爆是一种急火速成的菜肴，所以一般都使用调味粉汁进行调味及勾芡。

（五）煎

煎是将原料改刀后腌制，然后在锅内放入适量的油，将原料放入锅内直接加热制熟的一种方法。在此，以香煎黄花鱼为例，制作方法如下：

1. 用料

主料：黄花鱼300克。

辅料：酱油15克、姜20克、蒜20克、盐10克、油200克、葱花10克。

2. 制作方法

（1）将黄花鱼清洗干净，去除内脏，姜蒜切好备用。

（2）在清洗干净的鱼身上均匀地撒上一层盐。

（3）锅内倒入油，把黄花鱼倒入锅内平铺开。

（4）用中大火煎到一面有点发黄后翻面。

（5）用同样的方法慢慢煎，慢慢翻面，直到鱼煎熟后，撒上姜丝、蒜粒。

（6）待姜丝散发出香味后倒入几滴生抽，改小火迅速翻面。

（7）撒上葱花再稍一翻即可。

（六）贴

贴是将两种或两种以上的原料改刀后，挂上糊粘合在一起，下锅后只煎一面至熟的一种方法。

（七）塌

塌是将原料改刀后挂蛋液，用油煎至两面金黄时，再加入汤汁及调料，用小火收尽汁即好的一种方法。

（八）炒

炒是最常见的烹调方法之一。所谓炒就是将改刀后的原料放入锅内加热并不断翻动使其成熟的一种方法。炒适于形小、质嫩的原料。

（九）熬

熬是将勺内加底油烧热，用葱姜炝锅，再放入原料煸炒后添汤加调料制熟的一种方法。熬是一种以水为传热介质的一种烹调方法。

（十）氽

氽是将改刀后的原料放入沸汤中烫熟，带汤一起食用的一种方法。氽适用于

质地脆嫩、无骨形小的原料，是制作汤菜常用的方法之一，例如氽丸子、三鲜飞龙汤、萝卜丝氽鲫鱼等。在此，以萝卜丝氽鲫鱼为例，制作方法如下：

1. 用料

主料：活鲫鱼1条（约350克）。

辅料：白萝卜丝100克、料酒15克、精盐7.5克、味精1克、葱结10克、姜末10克、醋15克、姜片1克、肉清汤350克、熟猪油100克。

2. 制作方法

（1）将活鲫鱼去鳞、鳃和内脏，洗净，放入开水锅里烫一下，立即捞出，再用刀刮去鱼身上的黏液和里膜。将萝卜洗净削去皮，切成7厘米长、1厘米粗的丝，放入开水锅里焯一下，捞出用冷水冲除去萝卜味。

（2）炒锅置旺火上烧热，下熟猪油再烧热后，放入葱结、姜片煸炒出香味，再放入鲫鱼两面略煎一下。然后加入料酒、清水(200克)烧开，撇去浮沫。再加肉清汤，放入萝卜丝，加盖用旺火烧8分钟左右，然后加入精盐、味精。用手勺先将鱼放入汤碗里，拣去葱结、姜片，将汤和萝卜丝倒在鱼的上面即成。姜末、米醋放在一个碟里，同时上桌。

（十一）煨

煨是将经过炸、煎、煸炒或水煮后的原料放入陶器皿中加调料及汤汁，用旺火烧开，小火长时间加热成熟的一种方法。

（十二）烩

烩指将原料油炸或煮熟后改刀，再放入锅内加辅料、调料、高汤烩制的方法。具体做法是将原料投入锅中略炒或在滚油中过油或在沸水中略烫之后，放在锅内加水或浓肉汤，再加佐料，用武火煮片刻，然后加入芡汁拌匀至熟。这种方法多用于烹制鱼虾和肉丝、肉片，如烩鱼块、肉丝、鸡丝、虾仁之类。在此，以酸萝卜烩鱼为例，制作方法如下：

1. 用料

主料：草鱼1条（1千克）。

辅料：酸萝卜150克、粉丝100克、色拉油适量、姜3片、蒜瓣2个。

2. 制作方法

（1）鱼洗净切块，用花雕酒腌制10分钟，以祛除腥味。

（2）平底锅放少量油，将鱼块煎成两面微黄。

（3）在砂锅中倒入酸萝卜。

（4）再加入姜片及蒜瓣后，注入足量的水，中火烧开。

（5）水开后倒入煎好的鱼块，再次煮开后转文火炖50分钟。

（6）提前浸泡粉丝至软，然后放入锅中，将粉丝煮熟即可。

（十三）炖

炖是指把食物原料加入汤水及调味品，先用旺火烧沸，然后转成中小火，长时间烧煮的烹调方法。炖分为隔水炖和不隔水炖。

1. 不隔水炖法

不隔水炖法是将原料在开水内烫去血污和腥膻气味，再放入陶制的器皿内，加葱、姜、酒等调味品和水（加水量一般可掌握比原料的稍多一些，如500克原料可加1千克水），加盖，直接放在火上烹制。烹制时，先用旺火煮沸，撇去泡沫，再用微火炖至酥烂。炖煮的时间，可根据原料的性质而定，一般为2～3小时。

2. 隔水炖法

隔水炖法是将原料在沸水内烫去腥污后，放入瓷制、陶制的钵内，加葱、姜、酒等调味品与汤汁，用纸封口，将钵放入锅内（锅内的水需低于钵口，以滚沸时水不浸入为宜），盖紧锅盖，使不漏气。以旺火烧，使锅内的水不断滚沸，大约3小时即可炖好。

（十四）涮

涮是用火锅将汤烧沸，把形小质嫩的原料放入汤内烫熟，随即蘸着调料食用的一种方法。

（十五）扒

扒是将初步熟处理的原料改刀造型后放入勺内，加入调配料，用小火烧透入味，勾芡后大翻勺装盘的一种方法。

（十六）烧

烧是将经过热处理的原料，加入调料和汤汁，用旺火烧开，然后转中火烧透入味，再用旺火收浓卤汁或用淀粉勾芡的一种方法。

（十七）焖

焖是将经过初步熟处理的原料，加上调料和汤汁，用旺火烧开后，再用小火

长时间加热使原料酥烂的一种方法。在此，以油焖大虾为例，制作方法如下：

1. 用料

主料：小龙虾1 500克。

辅料：白糖25克、油焖大虾专用香料包1个（超市有售）、姜片20克、大蒜50克、花椒30克、干辣椒30克、辣酱25克、辣椒粉10克、味精15克、盐21克、白酒25克、啤酒600克、香菜10克、色拉油500克。

2. 制作方法

（1）折断虾尾中间部位，抽出沙线，用剪刀剪掉头部1/5的部位，拉出内脏，保留虾黄。

（2）将龙虾反复换水漂洗，至水质清澈为止。方法为用清水浸泡，不得用流动水冲洗，防止脑壳内的“虾黄”被洗掉。

（3）热锅冷油炙好锅，入500克色拉油，加糖25克（最好用冰糖），炒至糖色泽棕红为好（糖色可现炒现用，也可提前炒好后再使用）。然后下油焖大虾专用香料炒10秒钟，再下姜片、大蒜、花椒、干辣椒、辣酱、辣椒粉炒香。

（4）龙虾入锅，旺火生炒至虾壳变红，烹高度白酒祛腥，下啤酒增香，加水250克作为溶剂，下味精和盐调味。加盖，中火焖15分钟，出锅放香菜即可。

（十八）蒸

蒸是将原料改刀后，加上调配料装在容器内，上屉利用蒸汽加热成熟的一种方法。蒸一般选用新鲜味美、质嫩的鸡、鱼、肉等。在此，以剁椒鱼头为例，制作方法如下：

1. 用料

主料：花鲢鱼头1个。

辅料：泡红辣椒20多个、料酒两大匙、鸡精1匙、豆豉1匙、香葱3棵、老姜1小块、蒜半个、盐适量、油适量。

2. 制作方法

（1）将鱼头洗净吹成两半，鱼头背相连，泡红椒剁碎，葱切碎，姜块切末，蒜半个剁细末。

（2）将鱼头放在碗里，抹上油。

（3）在鱼头上撒上剁椒、姜末、盐、豆豉、料酒。

（4）锅中加水烧沸后，将鱼头连碗一同放入锅中蒸熟（约需10分钟）。

（5）将蒜茸和葱碎铺在鱼头上，再蒸1分钟。

（6）从锅中取出碗后，再将炒锅置火上放油烧至十成热，铲起淋在鱼头上即成。

（十九）挂浆（拔丝）

挂浆是将原料改刀后挂糊或不挂糊，用油炸熟，趁热挂上熬好的糖浆的一种方法。挂浆的原料是否挂糊，要根据原料的性质而定，一般含水分较多的水果类原料多需要挂糊，而质地细密的根茎类（含淀粉多的）原料则多数不挂糊。在此，以挂浆地瓜为例，制作方法如下：

1. 用料

主料：红薯500克。

辅料：白糖3勺。

2. 制作方法

（1）地瓜切成滚刀块，入锅中炸熟，成金黄色即可。

（2）锅中加少许水，2勺左右，放入白糖，不停地用勺搅。

（3）熬到用勺蘸一下能挂起来。

（4）把炸好的地瓜放入锅中，与糖搅匀，能拉出丝来即可。

（二十）挂霜

挂霜是将原料炸熟后撒上白糖的一种方法。用此法烹制的菜肴，可根据原料的性质作为冷菜使用。主料先用油炸熟，另外加白糖和少量水或油熬溶收浓，再将炸熟的原料投入，拌匀取出，并在白糖中滚拌，其表面即粘附一层白糖霜，如挂霜排骨、挂霜核桃仁等。在此，以挂霜排骨为例，制作方法如下：

1. 用料

主料：猪大排250克。

辅料：鸡蛋白（鸡蛋清）50克、玉米淀粉30克、橘饼5克、食盐1克、白砂糖100克、黄酒15克、桂花1克、猪油（炼）50克、熟猪油500克。

2. 制作方法

（1）将橘饼切碎，同桂花放在一起备用。

（2）排骨剁成3厘米长的块，加黄酒、精盐拌一下，再加湿淀粉和蛋清，浆匀。

（3）锅内倒入熟猪油500克，烧至六成热时，将排骨入油锅中炸成金黄色，捞出沥油。

（4）将剩下的猪油倒出，另作别用。

（5）锅内留油50克，加白糖，熬至糖水起小泡时，立即倒入热的排骨、橘饼末和桂花，离火翻炒，使糖液裹匀排骨。

（6）冷凉过程中，不要使排骨块粘结，出勺装盘即成。

（二十一）蜜汁

蜜汁是将原料放入白糖和水兑好的汁中，用小火将汁收浓加入蜂蜜（也可不加）即好的一种方法。蜜汁是一种带汁的甜菜，其汁的浓度、色泽、味道（甜）均像蜂蜜。因此这种方法叫蜜汁。

相关知识：

家常菜制作示例

1. 菜名：鱼香茄子

主料：长茄子1个（100克）。

辅料：泡椒4个、葱1段、姜1块、蒜2瓣、酱油15克、米醋20克、料酒5克、糖10克、水淀粉20克。

做法：

（1）茄子洗净，切成滚刀块，泡椒、葱、姜蒜分别切碎，所有调料混合成汁。

（2）锅中不要倒油，将茄子块放入锅中干煸。不断翻炒至茄子颜色变深，有些变小时盛出。

（3）锅中倒入少许油，放入姜、蒜碎爆出香味，倒入切碎的泡椒，炒出香味。倒入已炒过的茄子，翻炒几下。

（4）倒入调味汁，翻炒待汤汁变浓稠，撒入葱花即可出锅。

2. 菜名：萝卜牛腩

主料：牛腩650克。

辅料：胡萝卜2根、姜5片、葱3根、干辣椒2根（自选）、八角2颗、花椒10克、黄酱2平勺、豆腐乳1小块、冰糖10克、酱油2汤匙、陈皮1小块。

做法：

（1）牛腩洗净切块，在热水中焯过捞出备用。

（2）准备好所有配料，炒锅放适量油，烧热后把葱姜煸香，再放入豆腐乳、黄酱翻炒一下，加入少量开水。

（3）倒入牛腩，加入酱油、冰糖焖煮一小会，再加入八角、陈皮、花椒等其余配料和适量开水，煮开后，转入砂锅，放入胡萝卜大火烧开，小火慢煲2个小时（或放入慢炖锅煲数小时）。

3. 菜名：蒜茸莴苣

主料：莴苣约320克。

辅料：蒜头（大）2瓣、豆酱2汤匙、油4汤匙、姜1片。

做法：

（1）将莴苣洗净，切成片，沥干水分。

（2）将蒜头去衣拍裂、剁茸。

（3）将莴苣放入加盐的滚水中焯片刻。烧热油，爆香蒜茸、豆酱、姜，加莴苣炒拌，调味上碟。

4. 菜名：虎皮尖椒

主料：肉厚的尖椒500克。

辅料：酱油30克、花生油500毫升（实耗50毫升）。

做法：

（1）将尖椒去蒂，稍微去多一点，以便入味，洗净，沥干水分。

（2）烧热炒锅，花生油下锅，油大热后，放尖椒入锅内，慢慢翻动，至尖椒转色、外皮泛白时，盛出沥干油分，放适量酱油即可。

5. 菜名：回锅肉

主料：猪后腿的二刀肉370克。

辅料：青蒜70克，油25克，面酱12克，酱油、料酒各12克，白糖5克，豆瓣酱、葱各5克，味精3克。

做法：

（1）将肉切成4厘米宽的条，用开水煮熟改切成片，青蒜切成寸段。

（2）将白肉先下热油中煸炒至肉出油卷起，即加入豆瓣酱、面

酱，炸出味后下青蒜和其他各种调料，再翻炒几下即成。

6.菜名：辣子鸡丁

主料：三黄鸡500克。

辅料：水淀粉20克、油200克、干辣椒 100克、花椒 10克、生姜50克、大葱半根、料酒 1汤匙、鸡精10克、白胡椒粉10克、糖10克、香油20克。

做法：

（1）将大葱切成马耳朵形，生姜切片，另取两片大葱和两片生姜切宽丝待用。

（2）将干辣椒剪成1厘米长。

（3）把三黄鸡洗净，切成块状。加入半汤匙料酒、酱油、姜葱丝、白胡椒粉、半茶匙鸡粉以及适量盐抓匀腌制10分钟。

（4）在腌制好的鸡肉里加入水淀粉，抓匀。

（5）锅内放宽油，油七分热时（表面冒青烟，用筷子插在里面，会冒泡），加入鸡块，炸至断生后捞起，复炸至表面金黄捞出沥油。

（6）重新洗锅放油（因为里面有水淀粉杂质），以中小火将花椒炒香后再放入辣椒炒香。

（7）放入葱姜炒香。

（8）放炸好的鸡块，加半汤匙料酒快速翻炒。

（9）炒至鸡肉香酥油亮时，加入白糖、半茶匙鸡粉、香油炒匀，关火即成。

第三节　煲汤技术

一、如何做出美味靓汤

制汤又称“吊汤”“煲汤”，就是将蛋白质与脂肪含量丰富的鸡、猪肘、棒骨等，放在水锅中加热的一种热处理方法。一般家庭做汤的原料是猪骨、牛羊骨或者蹄爪之类。怎样烧制汤才能鲜香可口呢？

（1）制汤的骨头类原料要在冷水时下锅。

（2）小火慢煲，中途不能打开锅盖，也不能中途加水，否则影响汤的口感。因为正加热的肉类遇冷收缩，蛋白质不易溶解，汤便失去了原有的鲜香味。

（3）用鸡、鸭、排骨等煲汤时，先将原料在开水中氽一下，这个过程就叫做“出水”或“飞水”，不仅可以除去血水，还可以去除一部分脂肪，避免过于肥腻。

（4）煲汤时，火不要过大，火力以保持汤沸腾为准。如果让汤汁大滚大沸，肉中的蛋白质分子会被破坏。

（5）要使汤清，必须用文火烧，加热时间宁可长一些，使汤呈沸而不腾的状态，并注意撇尽汤面上的浮沫浮油。

（6）煲汤时忌过多地放入葱、姜、料酒等调料，以免影响汤汁本身的原汁原味。

（7）忌过早放盐，因为早放盐能使肉中的蛋白质凝固不易溶解，让汤色发暗，浓度不够，外观不美。

（8）煲鱼汤时，先用油把鱼两面煎一下，鱼皮定结就不易碎烂了，而且还不会有腥味。

（9）煲鱼汤时，向锅里滴几滴鲜牛奶，汤熟后不仅鱼肉嫩白，而且鱼汤更加鲜香。

（10）汤中的营养物质主要是氨基酸类，加热时间过长，会产生新的物质，营养反而被破坏。一般鱼汤煲1小时左右，鸡汤、排骨汤煲3小时左右，所以汤并非煲的时间越久越好。

二、不同季节煲汤

（一）春季煲汤

1. 春季煲汤原则

春季饮食清淡，喝汤也颇讲究。春季煲汤不要太油腻、忌燥热。春天要以平补为原则，不能一味使用温补品，以免春季气温上升，加重身体内热，损伤人体正气。

2. 春季煲汤食材

煲汤食材可选用瘦肉、禽类、鱼为主，药材可以选用党参、沙参、枸杞、百合、淮山药等。春季天气变化大，而且比较燥热、潮湿，人容易感冒，可以在煲汤时放些晒干的橘子皮或起锅前放入卷好的整根葱，可以去湿、顺气。

（二）夏季煲汤

1. 夏季煲汤原则

夏季煲汤应以清淡为主，保证充足的维生素、水和无机盐，及适量补充蛋白质。由于夏季炎热而出汗多，体内丢失水分多，脾胃消化功能较差，所以多进稀食是夏季饮食养生的重要方法。如早、晚进餐时食粥，午餐时喝汤，这样既能生津止渴、清凉解暑，又能补养身体。

2. 夏季煲汤食材

夏季煲汤最佳食材有冬瓜、绿豆、西红柿、金银花、西洋参、橄榄、枇杷、凉瓜、鸭、无花果等。

（三）秋季煲汤

1. 秋季煲汤原则

秋季煲汤以润燥滋阴为主，宜“少辛多酸”，尽可能少食葱、姜、蒜、韭菜等辛味之品；提倡吃辛香气味食物；饮食不要过于生冷；符合“秋冬养阳”的原则。

2. 秋季煲汤食材

秋季煲汤必备食材有菊花、百合、莲子、山药、莲藕、黄鳝、板栗、核桃、花生、红枣、梨、海蜇、黄芪、人参、沙参、枸杞、何首乌等。

（四）冬季煲汤

1. 冬季煲汤食用原则

（1）注意多补充热源食物，增加热能的供给，以提高机体对低温的耐受力。

（2）多补充含蛋氨酸和无机盐的食物，以提高机体御寒能力。

（3）多吃富含维生素B_2、维生素A、维生素C的食物，以防口角炎、唇炎等疾病的发生。

2. 冬季煲汤食材

冬季煲汤食材主要有狗肉、羊肉、鹿肉、龟肉、鹌鹑肉、鸽肉、虾、蛤蜊、海参等。

三、煲汤和炖汤

（一）煲汤

煲汤是将食材与清水放进汤煲中直接加热，做法简便。直接加热易使汤汁浓郁，食材久煮，味道和养分大部分都渗入汤汁里。因此食用时，都会把汤里面的料捞起，先喝汤，再把汤料配以生抽、葱姜丝、辣椒丝调成的蘸料一起食用。

（二）炖汤

炖汤是间接加热。炖汤是采用隔水加热法，把食材与清水放入炖盅，盖上盅盖，置于一大锅内（锅内水量低于炖盅，以水沸时不溢进炖盅为宜），食用时汤和料一起食用。 炖汤一般是用来炖补品。

相关知识：

常见汤的制作方法

1. 滋补靓汤：山药煲排骨

功效：具有滋润皮肤、美容、滋阴壮阳的作用。

主料：山药。

辅料：排骨。

调料：葱、姜、盐、醋、大料。

做法：将山药去皮洗净切成块，排骨改刀成块。将山药、排骨放入压力锅的内锅，加入葱、姜、盐、醋、大料、适量水，压力调到排骨挡，保压时间10分钟即可食用。

特点：咸香适口。

一般饮用人群：普通人群。

2. 清热汤：川贝炖雪梨

功效：雪梨有清热去燥之效，川贝化痰润肺，蜜枣、冰糖滋润。在秋天干燥的天气，呼吸系统较弱时，常饮此甜品可助润肺防燥。

材料：雪梨2个，川贝25克，蜜枣5粒，陈皮1片，冰糖适量。

做法：雪梨去皮去心洗净，陈皮浸软备用。将雪梨、川贝、蜜枣及

冰糖同放入煲内，隔水炖3小时即成。

一般饮用人群：普通人群。

3. 养颜汤：参芪养颜汤

功效：驻颜养容、滋补强身；改善面色萎黄、苍白无力、须发早白、身体虚弱等症。

材料：人参10克，黄芪15克，松子仁20克，黑芝麻50克，花生100克，糙米300克，白糖适量。

做法：将人参、黄芪用两碗水熬成一碗；松子仁油炸或者炒熟，黑芝麻、花生、糙米用水泡好、混合，加水打成浆汁状；在锅内放入适量清水，将参芪汁及黑芝麻浆倒入，搅均匀，上火煮熟，放入松子仁。

一般饮用人群：普通人群。

4. 壮阳汤：甘菊猪肚汤

功效：猪肚入胃健胃。甘菊味兼甘苦，性禀平和，专益肺肾二脏，散湿痹游风。黄芪甘温补中益元气，温三焦，壮脾胃。老姜辛温逐寒邪。合煮能健脾胃益肺肾，祛风、利尿、解渴、强化髋关节、补中气，最适合体质虚弱、伤风感冒者，脾气乖异者尤宜常服。

材料：猪肚1个，甘菊5克，黄芪5克，老姜数片，调味料适量，上汤750克。

做法：将猪肚先刮去污物，再从内外翻，用手伸入肚内。同时将炒锅拭干加热，达一定热度后，直接把猪肚放在锅内搓摩，每一部位都不遗漏，或用面粉加色拉油搓洗2次。之后以沸水汤煮3分钟，捞起冲浸冷水，去白膜，切成大片。将所有材料和肚片置于锅内，加上汤煮开，改用文火煮约1～1.5小时即可食用。

一般饮用人群：普通人群。

5. 滋阴汤：冰糖银耳汤

功效：滋阴止嗽，润肺化痰，润肠开胃。对中老年和高血压、动脉硬化以及肺结核患者，有良好的保健作用。

材料：银耳、红枣、枸杞、冰糖。

做法：将银耳去蒂洗净放入压力锅内锅中，倒入水、枸杞、红枣、冰糖，盖上锅盖，将压力调到米饭挡，保压10分钟后，即可食用。也可放入冰箱中冷却后食用。

一般饮用人群：普通人群、中老年人、高血压患者、动脉硬化以及肺结核患者。

6.乌鸡白凤汤

功效：乌鸡营养丰富，老少皆宜，具有较高的药用价值。

主料：乌鸡（宰杀干净）。

辅料：枸杞、香菜。

调料：葱、姜、鸡精、盐、醋。

做法：将乌鸡放入压力锅内锅里，加入葱、姜、盐、枸杞、鸡精、醋、适量清水，将压力锅调到鸡挡，保压15分钟，出锅后撒入少许香菜即可食用。

一般饮用人群：普通人群。

7.黑木耳大枣汤

功效：滑爽香甜，既有保健作用又有美容效果，并能延缓衰老。黑木耳具有降血压、降血脂之效，对改善心、脑血管循环系统大有好处。

主料：黑木耳、红枣。

辅料：猪里脊肉。

调料：葱、姜、花椒、鸡精、香油、盐。

做法：将黑木耳、红枣洗净，猪里脊肉洗净切成小块，一起放入压力锅的内锅，加入葱、姜、花椒、盐、鸡精、香油，盖上锅盖，把压力调到肉类挡，保压定时12分钟，即可食用。

一般饮用人群：普通人群。

8.冬瓜海带瘦肉汤

功效：冬瓜可促进人体的新陈代谢，抑制糖类转化为脂肪，故可瘦身；所含的蛋白质和瓜氨酸更可润泽皮肤，还能抑制黑色素、防止面斑形成，有美白作用。海带含丰富碘质及多种微量元素，能消除体内脂肪及胆固醇。

材料：冬瓜500克，发好的海带200克，陈皮2块，瘦肉250克。

做法：冬瓜去皮、洗净，海带切段；将冬瓜、海带连同陈皮和瘦肉放进煲中，加入8碗水，煲约2小时，加适量盐调味即可饮用。

一般饮用人群：普通人群。

9.舒心抗老驻颜老火汤

功效：舒心、抗老、驻颜。

主料：羊尾骨（连尾）1条，羊排肉550克，黄精8克，枸杞5克。

配料：南姜2片，西红柿2个，冰糖1颗，料酒50毫升，豉油、麻油各数滴，盐少许。

做法：将羊尾骨、羊排肉洗去血秽，沥干、斩件；将骨块、肉块与南姜一起下油锅炒干，稍后倒入料酒、豉油，再炒一下；往锅中加入适量清水，投下冰糖；待水沸后，撇去面上的浮沫，移入砂锅；黄精、枸杞随之放入砂锅，用文火煲至肉熟烂为止。食用时除去黄精药渣，调入盐，滴入麻油。西红柿切片伴食。

一般饮用人群：普通人群。

10.青木瓜猪脚汤

功效：运用新鲜青木瓜来炖猪脚，会让猪脚又嫩又好吃，木瓜所含的木瓜酵素可以帮助蛋白质分解，帮助消化，更是青春期女性的自然丰胸补品。

主料：猪脚骨高汤4杯，青木瓜1个，黄豆100克。

辅料：盐1小匙。

做法：将青木瓜去皮及籽，洗净、切块；黄豆泡水约3小时，洗净、沥干；锅中倒入猪脚骨高汤煮滚，放入黄豆煮至八分熟，加入青木瓜煮至熟烂，加入盐调味即可。

一般饮用人群：普通人群。

第四节　家庭膳食计划

家庭膳食计划，是指每天应选择哪些食物，每种食物摄取多少，才能满足家庭成员对营养素的需要。

一、饮食健康金字塔

为确保能从各类食物中吸取足够营养，最佳方法是按照食物金字塔的指引选取食物。食物金字塔（如图4－13所示）展示了各食物组别每天最少要进食的量，这个量会随热量的需要而增加。

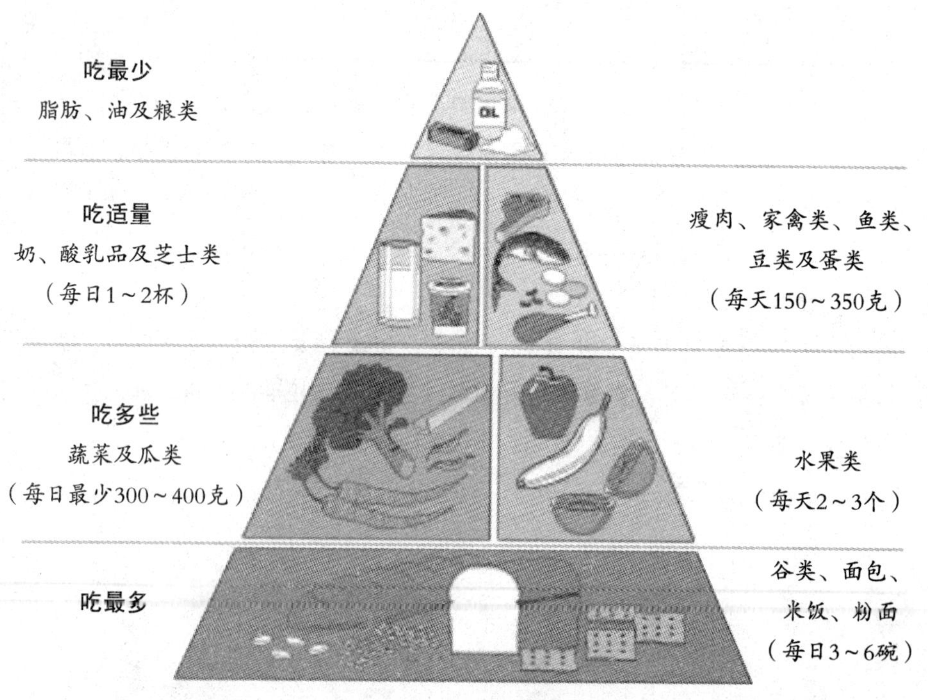

图4-13　食物金字塔

（一）吃最多

五谷类：如米饭、粉面、面包、饼干等，供应热量，活动多的人需求较大。

（二）吃多些

蔬果类：如西洋菜、生菜、白菜、芥蓝、菠菜、豆角、西红柿、菇类、苹果、芒果等，供应纤维素、维生素、矿物质，增强身体抵抗力，防止便秘。

（三）吃适量

（1）肉类、蛋类及豆品类：如猪肉、牛肉、鸡肉、鱼、虾、蛋、肝及豆类食物等，供应蛋白质以供生长、细胞修补及维持体内新陈代谢之需。肉类、蛋类、肝类、豆腐、干豆更含铁质、其他矿物质及维生素等。

（2）奶品类：如鲜奶、奶粉、芝士及乳酪等，含丰富蛋白质、钙质及维生素B_2，保持骨骼及牙齿健康。

（四）吃最少

油、盐及糖类：每人每餐所用食油量为2茶匙。

二、不同年龄人士营养需要

不同年龄人士的营养需要见表4-10。

表4-10 不同年龄人士的营养需要（每天）

年龄	热量（卡路里）	五谷类（中号碗）	水果类（份）	蔬菜类/豆类（克）	肉、蛋（克）	奶品类（杯）
1～3岁	900～1 400	1～2	1	100～200	50～100	2～3
3～6岁	1 400～1 600	2～3	1	200～300	100～150	2～3
6～12岁	1 600～2 400	3～4	1～2	200～300	150～250	2
12～18岁	2 300～2 800	3～6	2	300～400	200～300	2
成人	2 200～3 400	3～6	2～3	300～400	200～300	1～2
老年人	2 000～2 400	3～4	2～3	300～400	200～25	1～2

说明：

（1）表中卡路里的数据根据中国生理科学会第三届营养学术会议修订的《每日膳食中

营养素供给量》整理而成。

（2）以上所有数据仅作参考。家艺师需根据所服务家庭成员的实际情况来制订膳食计划，因为不同体重、不同体质、不同性别、不同劳动强度及不同状况（如生病、有大运动量等）的人的营养需求是不一样的。

三、达到饮食均衡

制订膳食计划是达到饮食均衡的方法之一。制订膳食计划的要求为：

（1）配合家庭需要，主要依据：年龄、性别、职业、健康状态和饮食习惯。

（2）采取适当的烹调方法。

（3）配合时令及气候。

（4）配合家庭经济状况。

（5）食物搭配：避免一餐内用同一种材料做多款菜。

四、预防疾病食物

（一）植物元素

许多蔬菜的颜色由植物化学元素而来，而这些植物化学元素能抑制癌细胞的活动，或通过防止氧化及改变荷尔蒙的反应，来帮助防止疾病的形成。如：

（1）马铃薯和花椰菜中的植物元素：防止导致老人视力退化及失明斑点的形成。

（2）蓝莓、葡萄和茄子中的植物元素：能令血管扩张，降低中风和心脏病发病的机会。

（3）绿茶及中国茶中的植物元素：有助于降低血压及胆固醇。

（4）黄豆中的植物元素：有助于预防心脏病、乳癌及降低血液中的胆固醇。

（5）大蒜和葱蒜类如洋葱、韭菜等中的植物元素：能抗菌消炎，阻断致癌物质合成，有防癌功能。

（6）西兰花、包心菜和花椰菜中的植物元素：含抑制破坏DNA的抗氧化混合物，有防癌功能。

所以，在饮食中应多搭配一些不同颜色及类别的蔬果。

（二）高钙食物

高钙食物如奶类、豆制品类；蔬菜类如菠菜、西兰花、白菜、金针菇、银

耳、花椰菜、海带、紫菜、莲藕及豆类；硬壳果类、干果类、鱼类及海产类如泥鳅、沙甸鱼（连骨）、白饭鱼（连骨）、三文鱼、小鱼干和碎鲮鱼肉。

特别提示

人体对钙质需求甚大，尤其是女性，用来保持牙齿及骨骼健康。

五、素食者饮食配搭

为确保素食者能吸收较佳营养，餐单编排仍以健康饮食金字塔为依据。

豆类：红豆、绿豆、马豆、眉豆、黄豆（含完全蛋白质种子）。

果仁类：腰果、花生、核桃、杏仁、芝麻、莲子。

杂物类：大、小麦及其制品，如米、麦片、面包、饼干、粟米。

六、家宴设计

（一）精心准备

家庭聚会要精心布置和认真准备，不要太过随意。例如，家宴的菜肴忌原料单一、烹调方法单一、色泽单一和口味单一。但家庭聚会也不宜铺张浪费，它不同于单位聚会及专门的饭店筵席，更不能把聚会作为炫耀雇主家庭实力的机会。因为聚会的目的是愉快地交往和沟通，是为了增加雇主与其朋友的友谊。所以，整个布置应给宾客创造一个温馨和睦的家庭氛围。

（二）善意提醒

要提醒女主人的打扮应尽可能比女宾的装扮朴素一点，以照顾女宾的心理感受。

（三）尊重习惯

要充分尊重客人的饮食习惯。我国的南方人群偏爱清淡，四川人群偏爱麻辣，而湖南地区的人群则偏爱酸辣，北方人群饮食较为浓厚。我国汉族人是通吃万物，而回族人是不吃猪肉的，也不吃马、骡、驴及各种野兽肉，忌食一切牲畜的血和自死动物，喜食牛、羊、骆驼肉及家禽肉。

（四）充分考虑宾客的年龄特点

不同年龄的宾客对菜肴也有不同的要求。如老年人较偏爱酥烂、软嫩、清淡的菜肴，而年轻人则偏爱香脆酥松的菜肴。

（五）依雇主的标准而定

宴请标准的高低是宴会内容的依据，标准高低只能在原料上进行选择，但宴会的效果不能受影响。即在雇主规定的标准内，把菜点搭配好，使客人满意，这是制定菜单的宗旨。

（六）突出季节变化特点

宴会菜单要突出季节性，力求将时令菜肴搬上餐桌，其中包括两个方面：一是选料讲究季节；二是菜肴口味、色彩、盛器等要适合季节。尤其是夏冬两季的菜肴，就必须有所区别，夏季要清淡爽脆，色彩淡雅；冬季口味要浓厚，色泽要深，盛器当用保温性能良好的火锅、煲、砂锅之类的器皿。

（七）突出地方特色

在制定菜单时要突出地方风味，突出本地区的特色菜肴。宴会菜肴应尽量利用当地的名特原料，充分显示当地的饮食习惯和风土人情，施展本地的技术专长，运用独创的技法，力求新颖别致，显现风格。

本章习题：

1. 蒸馒头时要注意哪些事项？
2. 简述手擀面的制作步骤。
3. 馄饨通常包括哪几种形式？
4. 简述冷菜的制作方法。
5. 简述热菜的制作方法。
6. 蔬菜初加工的基本方法有哪些？
7. 刀工的基本原则有哪些？
8. 直刀法包括哪些种类？

9. 春季煲汤应遵循哪些原则？

10. 夏季煲汤应遵循哪些原则？

11. 秋季煲汤应遵循哪些原则？

12. 冬季煲汤应遵循哪些原则？

第五章

家居美化技能

本章学习目标：

1. 掌握家具选择原则。
2. 了解各种生活器具的放置方法。
3. 了解室内绿化装饰的意义和作用。
4. 掌握室内绿化装饰的基本原则。
5. 熟知庭院绿化的简易方法。

第一节　居室整体布置

一、家具选择原则

（一）与环境协调

家具组合与居室整体色彩、风格和面积等方面要协调一致。如卧室家具，如果卧室装潢得豪华亮丽，则最好选用高档的聚酯材料家具；如果卧室装潢得素淡恬静，则应选择原木家具。

（二）符合实际需要

选择家具要从家庭经济能力出发，兼顾实用性和观赏性，并以实用性为主。

（三）材料、价格比

一般来说，红木家具价格最高，其中以紫檀、黑檀为最高，鸡翅木等次之，梨花木又次之。价格居中的是其他原木家具和高级聚酯材料家具，普通聚酯材料家具和钢塑家具的价格比较便宜。

选购家具时可在家具的款式上和制作工艺上下工夫，款式新颖的家具同样可以达到很好的装饰效果。

（四）注意标牌内容与商品实物是否一致

为防止商店里展示的样品与实际商品质量不符，要按当初看样时的质量和规格，认真地检验货物。同时也要做到“货比三家”，以评估家具价格和质量。

任何情况下，都要向售方索取发票，一旦发现问题，可作为保护自己消费权益的凭证。

二、饰品饰物放置

在摆放饰品饰物时，应根据环境的整体氛围，充分发挥居家环境的潜在美感。

（一）卧室

卧室内悬挂幅面不太大的画，可以亲情为主题，内容平和恬静，充满温馨。如果室内布置中既有书法又有图画，那么就应注意让书画内容相互配合，力求做到以画映书、以书表画。另外也可在依墙处的几案上置一花瓶，香花争妍，可使室内充满生机，增添美感，强化祥和静谧的气氛。

（二）客厅

客厅餐桌上方可挂一幅静物写生画，色调要与家具相协调。同时也可根据主人的爱好，在装饰橱中或在桌几上摆置既有装饰性又实用的碗、杯、咖啡壶等，只要配置和谐，会有特别的情调。

（三）书房

书房的墙上可悬挂大幅字画，写字台上可插置一束鲜花，放置文房四宝。

（四）门厅

门厅多以放置衣帽架为主，这样既方便自己也方便客人。

三、生活器具放置

各种生活器具的放置方法，见表5-1。

表5-1　各种生活器具的放置方法

序号	生活器具	放置方法
1	卧室器具	床铺的高度，以与成人膝盖的离地高度相等为宜，通常为50厘米左右。枕头的高度，成人为12厘米，儿童为6～8厘米，婴儿不超过5厘米，或干脆不用枕头
2	挂钟	由房间的大小来决定挂钟所挂位置的高度，通常以挂钟离地2.3～2.5米为宜，注意不要放置在床的正上方
3	电视机	电视机的屏幕中心，最好在人坐着看东西时的视平线略下一点，与人的距离最好保持在3～4米
4	吊扇	在挂吊扇时，吊扇宜离地2.4～2.6米，或者是2.2～2.4米。这可根据吊扇尺寸而定，但绝不可低于2米，以免发生危险

续表

序号	生活器具	放置方法
5	吊灯、壁灯	吊灯可安置在居室的中央。灯泡瓦数的大小可根据需要而定，也可用彩灯。如果要安置壁灯，则开关一定要放置在随手可及的位置
6	椅子	椅子的高度宜在45厘米左右，以低于人体坐着时其小腿长度的1～2厘米为佳

四、厨房器具放置

各种厨房器具的放置方法，见表5-2。

表5-2　　各种厨房器具的放置方法

序号	生活器具	放置方法
1	灶台	厨房灶台的高度，应以离地面70厘米为宜。锅底支起后，离火口约3厘米，这样可最大限度地利用火力
2	切菜桌	切菜桌以自己在使用时不感到吃力为宜，如过高则难以用力，过低则需弯腰操作，时间稍长，颈部和腹部就会吃力
3	水池	水池应便于储水，洗东西也不感到吃力，同时应减少占地
4	吊橱	吊橱的高度宜在1.5～1.6米。如果吊厨下边需要让人通过，则高度可在1.8米左右

五、卫生间器具放置

卫生间器具的放置方法，见表5-3。

表5-3　　卫生间器具放置方法

序号	生活器具	放置方法
1	浴缸高度	浴缸高度一般为55厘米左右，这对儿童和老年人来说有点高，进入时可垫一只小凳子
2	沐浴用喷头	沐浴用喷头离地高度以2～2.4米为宜。这样既不会碰头，又使喷下的水流有合适的冲击力

续表

序号	生活器具	放置方法
3	洗面盆	洗面盆有桌盆和立盆两种。桌盆需用花岗石桌面，占地比较多；如果卫生间小，可用立柱式洗面盆
4	坐便器	坐便器不应正面对着卫生间的门

六、书房器具放置

书房内应干净整洁、光线充足，不宜摆放玩具、玩偶以及悬挂明星像。书桌不能正对房门，也不可离卧床太近，书桌上应保持整齐清洁。写字台高度以离地面75厘米为佳，过高、过低都会影响右手活动，并容易使眼睛疲劳。坐位不应背对着房门。

七、居室布置注意事项

居室的布置要注意以下事项：

（1）家具的放置应考虑房间的大小。家具不宜放置过多，否则房间容易显得拥挤，给人一种压抑感。也不要过于繁杂，要抓住布置的重心，追求和谐统一。

（2）饰物和印刷品不要花色过多，要与居室布置色调相统一，不然会给人一种杂乱无章的感觉，要与居室的家具摆放相协调。

第二节　室内绿化装饰

一、室内绿化装饰的意义和作用

室内绿化装饰是指按照室内环境特点，利用以室内观叶植物为主观赏材料，结合生活需要，对使用器物和场所进行美化装饰。这种美化装饰是从人们的需要出发，配合整个室内环境进行设计、装饰和布置，使室内室外融为一体，体现动静结合，达到人、室内环境与大自然和谐统一。

（一）装饰美化

根据室内环境状况进行绿化布置，不是仅针对单独物品和空间某一部分，而是对整个环境要素进行安排，将个别的、局部装饰组织起来，以取得总体美化效果。

如线条生硬、形态呆滞，经过枝叶花朵点缀而显得灵动。如果室内没有枝叶花卉的自然色彩，即使地面、墙壁和家具颜色再漂亮，也缺乏生机。

绿叶花枝可作门窗景框，使窗外景色更好地映入室内，室内或窗外环境中不悦目部分也可利用植物将其屏蔽。因此，室内观叶植物对室内的绿化装饰起着很大的作用。

（二）改善室内生活环境

室内植物枝叶有滞留尘埃、吸收生活废气、释放和补充对人体有益氧气、减轻噪声等作用。同时，许多涂料对人体有害，室内植物具有较强吸收和吸附有害物质的能力，可以减轻人为造成的环境污染。

现代家庭建筑装修及物品、器具布置只是解决“硬件”装修和装饰，而室内绿化装饰则是“软装修”，是普通装修布置的必要补充。

（三）改善室内空间结构

在室内环境美化中，绿化装饰对空间构造可以发挥一定作用。

（1）运用成排植物可将室内空间分为不同区域，攀援上格架藤本植物可以成为分隔空间的绿色屏风，同时又将不同空间有机地联系起来。

（2）对难以利用的“死角”，可以选择适宜室内观叶植物来填充，以弥补空虚感，还能起到装饰作用。

（3）运用植物本身大小、高矮可以调整空间比例感，充分提高室内有限空间利用率。

二、室内绿化装饰基本原则

（一）美学原则

如果没有美感就根本谈不上装饰。因此，必须明确主题，合理布局，分清层次，协调形状和色彩，才能收到清新明快的艺术效果，使绿化布置与装饰联系在

一起。

为体现室内绿化装饰的艺术美，必须要通过一定形式，使其体现构图合理、色彩协调、形式和谐。

1. 构图合理

构图是将不同形状、色泽的物体按照美学观念组成一个和谐景观。绿化装饰要求构图合理，在装饰布置时必须注意两个方面：一是布置均衡，以保持稳定感和安定感；二是比例合度，体现真实感和舒适感。掌握布置均衡和比例合度这两点，就可以做到立意明确、构图新颖、组织合理。见表5-4。

表5-4　构图合理

大类	说明	
布置均衡	对称均衡	在居室绿化装饰时习惯于对称均衡，如在走道两边摆上同样品种和同一规格花卉，显得规则整齐
	不对称均衡	与对称均衡相反，室内绿化自然式装饰呈不对称均衡。如在客厅沙发的一侧摆上一盆较大植物，另一侧摆上一盆较矮植物，同时在其近邻花架上摆上一悬垂花卉，虽然不对称，但却给人以协调感，视觉上认为二者重量相当，仍可视为均衡
比例合度	植物形态、规格等要与所摆设的场所大小、位置相配套	如果比例恰当就有真实感，否则就会弄巧成拙。如空间大的位置可选用大型植株及大叶品种，以利于植物与空间协调；小型居室或茶几案头只能摆设矮小植株或小盆花卉，才会显得优雅得体

2. 色彩协调

色彩一般包括色相、明度和彩度三个基本要素。色相就是色别，即不同色彩种类和名称；明度是指色彩明暗程度；彩度也叫饱和度，即标准色。室内绿化装饰形式要根据室内的色彩状况而定。

(1) 对叶色深沉的室内观叶植物或颜色艳丽的花卉布置时，背景底色宜用淡色调或亮色调，以突出布置的立体感。

(2) 居室光线不足、底色较深时，宜选用色彩鲜艳或淡绿色、黄白色浅色花卉，以便取得理想的衬托效果。

（3）陈设花卉应与家具色彩相互衬托。如清新淡雅花卉摆在底色较深的柜台、案头上可以提高花卉色彩明亮度，使人精神振奋。

（4）室内绿化装饰植物色彩选配要随季节变化以及布置用途不同而作必要的调整。

3. 形式和谐

在进行室内绿化装饰时，要依据各种植物姿色形态，选择合适的摆设形式和位置，同时注意与其他配套花盆、器具和饰物间的搭配协调，做到和谐相宜。

（1）悬垂花卉宜置于高台花架、柜橱或吊挂高处，让其自然悬垂。

（2）色彩斑斓植物宜置于低矮台架上，以便于欣赏其艳丽色彩。

（3）直立、规则植物宜摆在视线集中的位置。

（4）空间较大位置可以摆设丰满、匀称的植物。

（5）必要时可采用群体布置，将高大植物与其他矮生品种摆设在一起，以突出布置效果等。

（二）实用原则

室内绿化装饰必须符合功能要求，必须实用。因此，要根据绿化布置场所性质和功能要求，从实际出发，做到绿化装饰美学效果与实用效果高度统一。

如书房应以摆设清秀典雅的绿色植物为主，以创造一个安宁、优雅、静穆的环境，使人在学习期间举目张望时，可以让绿色调节视力，缓解疲劳，起到镇静悦目的功效，而不宜摆设色彩鲜艳的花卉。

（三）经济原则

设计布置时要根据室内结构、建筑装修和室内配套器物水平，选配符合经济水平的档次和格调，使室内“软”装修与“硬”装修相协调。同时根据室内环境特点及用途选择相应室内观叶植物及装饰器物，使装饰效果能保持较长时间。

三、室内绿化装饰植物选择

（一）室内生态条件的特殊性

室内，相对来说是一个较封闭的空间，可以说是一个人工小气候环境，其生态条件具有特殊性。

（1）室内环境光照比室外弱，且多为散射光或人工照明光，缺乏太阳直射光。

（2）室温较稳定，比室外温差变化较小，可有冷暖空调调节。

（3）空气较干燥，湿度比室外低，二氧化碳浓度比大气中的浓度略高，通风透气性较差。

作为室内绿化装饰植物材料的选择，除部分采用观花、盆景植物外，应大量采用室内观叶植物。

（二）植物材料分类

从形式审美角度对植物材料进行分类，其主要种类见表5–5。

表5–5　　植物材料分类

序号	类别	说　明	示例
1	自然性美	具有自然野趣风韵，在非常讲究而豪华的环境中反而能映现出自然的美	如海芋、棕竹、蕨类、巴西铁、荷兰铁等
2	色彩美	可以创造直接感官认识。因为色彩是最敏感因素之一，可以影射人的情绪变化，使人宁静，或使人振奋	大量彩斑观叶植物和观花植物、色彩丰富植物
3	图案性美	叶片能呈某种整齐规则的排列形式，从而显示出图案性美	如伞树、马拉巴栗、鸭脚木、观赏凤梨、龟背竹等
4	形状美	具有某种优美形态或奇特的形状，表现为一种美的属性而得到人们的青睐	如散尾葵、龟背竹、变叶木等
5	垂性美	以其茎叶垂悬、自然潇洒而显出优美姿态和线条变化的美	如吊兰、吊竹梅、常春藤、白粉藤、文竹等
6	攀附性美	依靠其气生根或卷须和吸盘等，缠绕吸附在装饰物上，与被吸附物巧妙地结合在一起，形成形态各异的整体	黄金葛、心叶喜林芋、常春藤、鹿角蕨等

四、家庭养花品种搭配

家庭种养花卉，一般以盆栽为主。由于受条件限制，不要种得太多，以

10～15盆为宜。所选种类最好能兼顾观叶花卉、观花花卉、观果花卉、香花植物、观姿花卉等，这样品种就能丰富多样。

（一）以装饰居室为主

装饰居室时可选多种适合室内种植的观叶植物，如巴西木、鸭脚本、龟背竹、绿巨人、散尾葵、棕竹、袖珍椰子、一叶兰、吊兰、绿萝、文竹、君子兰等。这些花卉较耐阴，只需弱光或散射光就能正常生长。

（二）以观赏为目的

以观赏为目的时，可以选择多种观花类、观果类、观茎类花卉和盆景，如月季、山茶、杜鹃、米兰、茉莉、扶桑、石榴、金橘、佛肚竹、富贵竹、苏铁、五针松、榆树桩、榕树桩等。

（三）四季花卉品种搭配

四季花卉品种搭配，见表5-6。

表5-6　　四季花卉品种搭配

序号	季节	花卉品种	示例
1	春天	以开花植物为主，配些观叶植物和山石盆景	如茶花、杜鹃、梅花、洋水仙、迎春等
2	夏天	以香花植物和冷色系花卉为主，配些观叶植物和草本花卉	如白兰、米兰、茉莉、鸢尾、八仙花等
3	秋天	以观果植物为主，可配些草花和树桩盆景	如石榴、火棘、金橘、代代、盆栽葡萄等，配些彩叶植物，如枫香、一品红、三角枫、红枫、羽毛枫、银杏、洒金桃叶珊瑚等
4	冬天	以观叶植物为主，配些时令花卉和山石盆景	如苏铁、棕竹、散尾葵、橡皮树、巴西木、春羽、一叶兰、吊兰等，时令花卉有仙客来、君子兰、一品红、朱顶红、瓜叶菊、报春花、水仙等

（四）净化室内夜间空气

净化室内夜间空气应选择多浆植物，如仙人掌、仙人球、山影拳、蟹爪兰、燕子掌等。此类植物夜间能吸收二氧化碳，放出氧气，且耐干旱，四季常青，但是不耐寒，只要夏季避免烈日暴晒，冬季保暖防寒，盆土保持偏干些，便可正常生长。

五、室内绿化装饰主要形式

室内绿化装饰形式不但要根据植物材料形态、大小、色彩及生态习性，而且还要依据室内空间大小、光线强弱和季节变化，以及气氛而定。室内绿化装饰方法和形式多样，主要有陈列式、攀附式、悬垂式、壁挂式、栽植式、迷你型观叶植物绿化装饰等。

（一）陈列式绿化装饰

陈列式是室内绿化装饰最常用和最普通的装饰方式，包括点式、线式和片式三种。其中以点式最为常见，即将盆栽植物置于桌面、茶几、柜角、窗台及墙角，或在室内高空悬挂，构成绿色视点。

线式和片式是将一组盆栽植物摆放成一条线或组织成自由式、规则式片状图形，起到组织室内空间、区分室内不同用途场所的作用，或与家具结合，起到划分范围的作用。

特别提示

陈列式绿化装饰要考虑陈列方式、方法和使用器具是否符合装饰要求。传统素烧盆及陶质釉盆仍是目前主要的种植器具。器具的表面装饰要视室内环境色彩和质感及装饰情调而定。

（二）攀附式绿化装饰

大厅和餐厅等室内某些区域需要分割时，可以采用带攀附植物隔离，或用带某种条形或图案花纹栅栏再附以攀附植物与攀附材料在形状、色彩等方面协调，使室内空间分割合理、协调，而且实用。

（三）悬垂吊挂式绿化装饰

在室内较大空间内，结合天花板、灯具，在窗前、墙角、家具旁吊放有一定体量的阴生悬垂植物，可以改善室内人工建筑生硬线条造成的枯燥单调感，营造生动活泼的空间立体美感。可以使用一种塑料吊盆，与所配材料有机结合，会取得意外的装饰效果。

（四）壁挂式绿化装饰

壁挂式绿化装饰有挂壁悬垂法、挂壁摆设法、嵌壁法和开窗法。预先在墙上设置局部凹凸不平的墙面和壁洞，供放置盆栽植物；在靠墙地面放置花盆，砌种植槽，然后种上攀附植物，使其沿墙面生长，形成室内局部绿色空间；在墙壁上设立支架，在不占用地面的情况下放置花盆，以丰富空间。采用这种装饰方法时，应主要考虑植物姿态和色彩。以悬垂攀附植物材料最为常用，其他类型植物材料也常使用。

（五）栽植式绿化装饰

栽植式绿化装饰多用于室内花园及室内大厅堂有充分空间的场所。栽植时，多采用自然式，即平面聚散相依、疏密有致，并使乔灌木及草本植物和地被植物组成层次，注重姿态、色彩协调搭配。适当注意采用室内观叶植物的色彩来丰富景观画面，与山石、水景组合成景，模拟大自然的景观，给人以回归大自然的美感。

六、门厅绿化装饰

门厅是居室入口处，包括走廊、过道等。门厅装饰要给人以先入为主的第一印象和感觉，或豪华、浪漫，或规整、庄重，或高雅、简洁，都能从门厅装饰中感受到。

居室的门厅空间往往较窄，有的只是一条走廊过道。它是通过客厅的必经通道，且大都光线较暗淡。可以选择体态规整或攀附为柱状植物，如巴西铁、一叶兰、黄金葛等；也可选用吊兰、蕨类植物等，采用吊挂形式，既可节省空间，又能活跃空间气氛。

总之，该处绿化装饰选配植物应以叶形纤细、枝茎柔软为宜，以缓和空间视线。

七、客厅绿化装饰

客厅是日常起居的主要场所，是家庭活动的中心，也是接待宾客的主要场所，所以具有多种功能，是整个居室绿化装饰的重点。

客厅装饰程度在某种意义上能显示主人身份、地位和情趣爱好。客厅绿化装饰要体现盛情好客和美满欢快的气氛。植物配置要突出重点，切忌杂乱，应力求美观、大方、庄重，同时要注意与家具风格及墙壁色彩相协调。

（1）喜欢气派豪华的，可以选用叶片较大、株形较高大的马拉巴粟、巴西铁等植物或藤本植物，如以散尾葵、垂枝榕、黄金葛等为主景。

（2）喜欢典雅古朴的，可以选择树桩盆景为主景。

（3）无论以何种植物为主景，都要在茶几、花架、临近沙发窗框几案等处配上一小盆色彩艳丽、小巧玲珑的观叶植物，如观赏凤梨、孔雀竹芋、观音莲等。

（4）必要时可在几案上配上鲜花或应时花卉。如此，既能突出客厅布局主题，又可使室内四季常青，充满生机。

八、书房绿化装饰

书房是读书、写作，有时兼作接待客人的地方。书房绿化装饰要明净、清新、雅致，从而创造一个静穆、安宁、优雅的环境，使人入室后就能感到宁静、安谧，从而专心致志。因此，书房的植物布置不宜过于醒目，而要选择色彩不耀眼、体态较一般的植物，体现含而不露的风格。

（1）一般可在写字台上摆设一盆文竹等绿色植物，以调节视力，缓解疲劳。

（2）可选择株形披纷下垂的悬垂植物，如黄金葛、心叶喜林芋、常春藤、吊竹梅等，挂于墙角，或自书柜顶端飘然而下。

（3）可选择适宜位置摆上一盆攀附型植物，如琴叶喜林芋、黄金葛、杏叶喜林芋等，犹如盘龙腾空，给人以积极向上、振作奋斗的激情。

九、卧室绿化装饰

卧室主要功能是睡眠休息。人的一生大约有1/3的时间是在睡眠中度过的，所以卧室的布置装饰也显得十分重要。

卧室植物布置应围绕休息这一功能进行，应该通过植物装饰营造一个能够舒缓神经，解除疲劳，使人放松的气氛。由于卧室家具较多，空间显得拥挤，所以植物选用应以小型、淡绿色为佳。配套盆景也不宜色彩鲜艳、造型奇特。

可在案头、几架上摆放文竹、龟背竹、蕨类等植物。如果空间许可，也可在地面摆上造型规整的植物，如心叶喜林芋、巴西铁、伞树等。此外，也可根据居住者的年龄、性格等选配。

（一）老人、小孩卧室

家中植物摆放是为了美化空间、净化空气。同时要考虑到家庭成员的状况，特别关注家中的老人、孩子，有些植物是不适宜摆放的，那样会对其健康产生危害。

松柏类花卉或盆栽会散发松油气味，刺激人的中枢神经，若吸入时间过长，会使人感到头痛恶心，影响食欲，特别是对老人慢性支气管炎和哮喘病有一定刺激性。

孩子们最爱触弄东西，能一触即“羞”的含羞草所含的羞草碱是一种毒性较强的有机物，应让它们远离孩子视线。龙舌兰浆液可能会引起接触性皮炎，也不可随意把玩。

（二）孕妇卧室

有些花香能刺激孕妇神经，有些花粉能引发过敏。因此，孕妇室内养花要谨慎。

强烈的花香有可能刺激孕妇神经，引起头痛、恶心、呕吐等症状，并影响食欲，严重时可能导致胎儿不安，甚至流产。所以孕妇在怀孕初期，最好少接触有浓烈气味的鲜花，也最好不要在卧室摆放此类花草。另外，花粉一般都含有某些化学成分，如果落到皮肤上或被吸入体内，就可能引发过敏。

（1）松柏类花卉：包括玉丁香、接骨木等，其芳香气味对肠胃有刺激作用，不仅影响食欲，而且会使孕妇感到心烦意乱，恶心呕吐，头晕目眩。

（2）夹竹桃：分泌出的一种乳白色液体，接触时间一长，会使人中毒，出现昏昏欲睡、智力下降等不良反应。

（3）兰花、百合花：其香气会令人过度兴奋，会影响孕妇的睡眠质量。

（4）月季花：长期放在室内，散发出的气味，会引起孕妇气喘烦闷。

（三）病人卧室

病人本身体质较弱，不可与健康人相比，而有些花草、植物虽然外观美丽动人、香味怡人，却是诱发某些疾病，甚至加重疾病的根源，对于这些植物必须加倍小心，不要使其出现在病人的卧室。

花盆中泥土产生真菌孢子会扩散到室内空气中，可能引起人体表面或深部感染，也可能侵入人的皮肤、呼吸道、外耳道、脑膜及大脑等部位。这些对原本就患有疾病、体质不好的人来说也如雪上加霜，尤其对白血病患者和器官移植者危害更大。

（1）紫荆花：若人体与此花散发出来的花粉接触过久，会诱发哮喘症或使咳嗽症状加重。

（2）夜来香（包括丁香类）：闻久了会使高血压和心脏病患者感到头晕目眩、郁闷不适，甚至会病情加重。其花粉有致敏性，哮喘病人不宜闻。

（3）百合：虽美又香，但其香味会令人的神经过度兴奋。因此，神经衰弱的人，不宜在居室摆放百合。

（4）水仙：香气袭人，也会令人神经系统产生不适，时间一长，特别是在睡眠时吸入其香，会使人头昏。

相关知识：

卧室内绝对不能摆放的植物

兰花、百合花：这两种花的香气会刺激人的神经系统，令人过度兴奋，极容易导致人失眠。

月季花：其散发出来的浓郁香味，会使一些人产生胸闷不适、憋气与呼吸困难。

松柏类花卉：此花的芳香气味对人体肠胃有刺激作用，不仅会影响人的食欲，还可能使孕妇感到心烦意乱、恶心呕吐。

洋绣球花：其散发的微粒如与人的皮肤接触，会使人产生皮肤过敏反应。

夜来香：夜来香在夜晚会散发出大量刺激嗅觉的微粒，闻之过久，会使高血压和心脏病患者感到头晕目眩、郁闷不适，甚至会导致病情加重。

郁金香：其花朵含有一种毒碱，人若是接触过久，会加快毛发脱落。

夹竹桃：夹竹桃能分泌出一种乳白色液体，接触时间一长，会使人中毒，引起昏昏欲睡、智力下降等症状。孕妇如果靠近它，会引起胎音异常。

狼毒、万年青：其汁液中含有哑哔酶，对人体十分不利。如小孩误服会引发声带发肿，甚至致哑。

含羞草：这种花同郁金香花一样，人若是接触过久，可致脱发。

豹皮花：其散发出来的气味微粒，可使人致晕。

红背桂、变叶木、虎刺梅：能使人体产生严重的不良反应，是致癌的花卉，不宜栽种。

十、餐厅绿化装饰

餐厅是家人或宾客用膳或聚会的场所，装饰时应以甜美、洁净为主题，可以适当摆放色彩明快的室内观叶植物。同时要充分考虑节约面积，以立体装饰为主，原则上所选植物株型要小。

（一）植物形态必须低矮

餐厅的绿化植物形态必须低矮，这样才不会妨碍与对坐人进行谈话。适合的植物有非洲堇属、番红花属、矮性仙客来、椒草属、四季秋海棠、冷水花属及小叶常春藤。

（二）植株生长状况

要随时注意植株生长状况，如果植株的生长状况不好或者上面布满灰尘和有病叶植物，再加上活蹦乱跳的绿色蚜虫，不但令客人不舒服，主人也会感到困窘。

（三）避免气味过于浓厚的植物

香气浓郁的风信子会掩盖食物的气味，紫芳草盛开时则会散发出令人不舒服的刺鼻气味，所以餐厅摆放植物时，要避免这些气味过于浓厚的植物。

特别提示

餐厅是就餐的地方，摆放花卉以没有浓烈、特殊香味为好，否则容易冲淡食物香味，影响食欲。

相关知识：

餐桌摆花因季而变

春季里，餐桌上可以摆放报春花、迎春花、桃花、梅花、郁金香、鸢尾、小苍兰、水仙等草花，配以悦景小草，插在本色木制器皿中。

夏季最适宜在餐桌上摆放小巧观叶植物或插放清香淡雅的花卉，如瓶插百合、马蹄莲、晚香玉、姜花、兰花、香雪兰、石竹等。

秋季，菊花绽放，红枫妖娆，也可插些小菊花或果蔬鲜花相组合，给人以新鲜的感受。

冬季，蜡梅金黄，天竹殷红。冬季一盆暖色调花卉能打破冬日的萧索寒冷，给餐厅注入融融的温馨。如摆放盆栽一串红、长寿花或瓶插红月季、康乃馨、剑兰等，给人以温馨暖意。

同时，在色彩选择上，深色餐桌应选用色彩明亮的花卉，如白色、浅黄、浅粉、淡紫色等；浅色餐桌可选择色彩艳丽的花卉，如橙色、紫红、深红、橙红等色彩。

十一、卫浴间绿化装饰

卫浴间是湿气和温度极高的地方，对植物生长不利，因此必须选择能耐阴暗

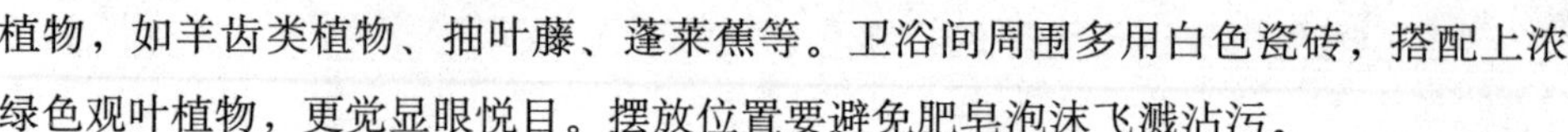

植物，如羊齿类植物、抽叶藤、蓬莱蕉等。卫浴间周围多用白色瓷砖，搭配上浓绿色观叶植物，更觉显眼悦目。摆放位置要避免肥皂泡沫飞溅沾污。

十二、阳台美化装饰

阳台是最适合家庭养植各种花草的地方，盆栽植物可置于阳台栏板上，但应注意安全，要加设护栏，以免花盆坠落伤人。可设置垂直绳索、塑料管线等，种植葡萄、爬山虎等具有攀缘性能的植物，既美化了阳台，又可在盛夏季节起到遮挡阳光的作用。除绿色植物、花卉等能起到装饰阳台的作用外，阳台侧墙面、地面也是装饰美化的重点。

第三节　家养盆栽养护管理

一、家庭养花必备工具

种花恰理，养花有心，种花与养花是相互关联的，把花种活是基础，将花养好是目的。因此，在日常养护工作中还需要拥有以下最基本的工具：

（一）枝剪

修剪坚硬的植物茎叶，采用专业枝剪较合适。枝剪比较锋利，可避免植株的不当拉扯，并使植物切口平整美观。

（二）固定用铁丝

要控制蔓生植物茎枝生长方向，除了可以架设支柱或借由铁窗引导外，在茎条上每隔一段距离以软铁丝固定则会更加牢固。绿色软铁丝与植物茎叶颜色较相近，可避免视觉上的突兀。

（三）浇水壶

“莲蓬式洒水壶”不仅能将水均匀洒于植物的叶片上，还可顺便清洁叶面上

的尘污，使叶片恢复鲜亮的色彩，增强其消化和吸收能力。但是，对于叶面有茸毛以及处于开花期的植物，则须采用“尖嘴式水壶”，将水直接导注于盆土上，以免叶片积水溃烂及花蕾脱落。

（四）喷雾器

长时间处于室内空调状态下的植物，其叶片容易干燥，此时就需要在叶面上制造出细小水雾，另外对生性喜好潮湿环境的植物，也需适时利用喷雾器在叶面上制造出细小水雾，以保持其生长所需的滋润。

（五）铲与耙

松土、换盆时经常需要用铲子或耙子来帮忙。如果栽种的是袖珍型小盆栽，只需准备轻巧小铲、小耙、小锥子即可。若针对中、大型盆栽，强而有力的大铲子则更为便利。

（六）工作手套

搬运盆栽、施肥、修剪枝叶时，最好能戴上工作手套来保护双手，以免遭肥料玷污或茎刺刺伤。

二、家养盆栽花卉光照

（一）摆放位置尽可能满足光照要求

居室、客厅的盆栽花卉要求接受1～3小时漫射光或反射光照射。

（二）不能长时间放在强烈阳光处

盆栽花卉每周应至少有一天至一天半的时间放在室外晒晒太阳，但不能在中午晒，应在早晨或下午、傍晚晒，否则叶子会被灼伤。

（三）可用日光灯补充光照

对一些需要光照的观叶植物，可用日光灯来补充光照，如龟背竹、喜林芋、橡皮树、花叶万年青。这些植物若经常缺少光照，叶子就会发黄或淡绿。如遇这一情况，应迅速对植物补充光照并转动植物。

三、家养盆栽花卉浇水要点

不同种类花卉对水分要求也不同，如仙人掌、仙人球等多浆类花卉比较耐旱，不需多浇水；伞草、蟹爪兰等喜湿润环境，需多浇水。同一种花卉不同生长期对水分的要求也不同，生长旺盛期需水量较大，可适当多浇水，促进其生长；花芽分化期，适当少浇水，以促进花芽分化。

（一）水质选择

天然水有硬水与软水之分。硬水矿物盐类含量高，长期浇灌会对花卉的生长产生不利影响。

（1）软水矿物盐类含量低，是花卉理想的浇灌用水。

（2）雨水、河水和湖水等的水质硬度低，可以直接用于浇灌，但泉水、井水等地下水硬度很高，不能直接浇灌花卉。

（3）自来水因含有氯气等消毒物质，不宜直接使用，最好用敞口的缸、池等容器储放3～5天，待水中有害物挥发和沉淀后再使用。

（二）浇好定根水

植物栽种后第一次浇水称为定根水。定根水必须浇足浇透。因为初栽土壤中存在很多空隙，只有将水浇透后，土壤与根系才能充分结合。一般栽种后要连续浇灌两次，第一次浇完水落干，并见水从盆底孔流出后，再重浇一次，这样才能保证土壤充分吸收，并与根系很好密接。

（三）浇水方法

浇水时，大多数花卉采用喷浇法。这样既能增加空气湿度，又能冲洗叶面灰尘。对于叶片有绒毛或正在开花的花卉，就不能喷水，而应将花盆坐在水盆中，利用盆底孔渗水，使盆土湿润。

（四）不同季节的浇水

植物在室内摆放期间，一般水分不宜过多，见干见湿，一次浇透，不要浇拦腰水。一般3～7天浇灌一次，春、夏生长季节适当多浇。

植物所需养分从液体肥料中获得，因此，每隔7～10天采取换水补充养分，此外还可用喷壶或小喷雾器在叶面洒水。夏季每天两次，冬季每天一次，以增加湿度，并清洗叶面灰尘，利于光合作用。

夏季盆花呼吸作用旺盛，要求盆土透气性良好。因此，盆土不干时一般不要浇水，以免水过多影响透气，但干后应立即浇水且必须浇透。夏季盆土往往因过干而出现龟裂，所以浇水不能一次完成，否则水顺缝隙直漏盆底，而大部分盆土仍很干涸。应在第一次浇水后稍等片刻，待土壤裂缝闭合后再浇一次。

四、家养盆栽花卉施肥

使用化学肥料，是造成植物体内养分失衡的主要原因，因此可以利用身边可用的环保材料，给植物提供所需的养分。

（一）中药渣

中药煎煮后的剩渣，是一种很好的养花肥料。因为中药大都是植物的根、茎、叶、花、实、皮，以及动物的肢体、脏器、外壳，还有部分矿物质，含有丰富的有机物和无机物质，植物生长所需氮、磷、钾类肥料在中药里都有。用中药渣当肥料，对花木种植有很多益处，而且可以改善土壤的通透性。

如果要将中药渣当花肥，要先将中药渣装入缸、钵等容器内，拌进土中，再掺入水，沤上一段时间，待药渣腐烂，变成腐殖质后才可使用。一般都把药渣当做底肥放入盆内，也可直接拌入栽培土中。药渣肥不宜放得太多，一般掺入比不要超过10%，多了反而会影响花木生长。

（二）食醋

（1）在北方地区养南方花卉时，向盆土中浇水时掺适量食醋，可促进磷、铁等微量元素吸收，防止枝叶黄化病。

（2）用40%左右醋溶液喷叶和花蕾，能使光合产物累积增多，花朵增大，叶更葱绿，花更鲜艳。

（3）施过有机肥的盆栽放在室内会有腥臭味，如果浇入适量醋液既能消除异味，又能使土壤杀菌消毒。

（4）用棉球蘸食醋擦花叶，可以让甲壳虫、红蜘蛛、蚜虫等骚动不安，此时便可将其然后扫下花叶来，然后将其消灭。

（5）如果花卉发生药害，向枝叶上喷适量醋溶液，可减轻药害。

（6）配制或施用碱性药物后，用醋水洗手、冲洗器皿，可清除余药，消毒杀菌。

（三）自制酸性土

南花北养所需的酸性盆土，家庭也可以自制。秋季收集松针叶、柳树叶、杨树叶，单独或混合装入大花盆或黑色塑料袋内，一层树叶、一层泥土，再加入少许硫酸亚铁或柠檬酸铁，浸足水后封盖、压实。经过秋冬季发酵便制成了酸性土。米兰、栀子、桂花、四季报春、四季秋海棠、瓜叶菊、仙客来等则用柳叶肥最适宜。

平时养护可辅助以硫酸亚铁、柠檬酸铁和水的混合液。春季按12：6：100，夏季按6：4：100的比例配制，然后装入软包装塑料瓶内，将瓶倒埋入土中，瓶盖旋拧至微微渗漏程度，使肥液缓慢渗入土中。

（四）豆腐渣肥

豆腐渣是上乘肥料，无碱性，虽是磨浆取汁后的残渣，但仍含有部分蛋白质、多种维生素和碳水化合物等。经过人工处理后，最适宜花苗生长。

自制豆渣肥方法是把豆渣装入缸内，加入10倍清水发酵后（夏季约10天左右，春秋季约20天左右），再加入10倍清水混合均匀，用以浇灌各种盆花，效果很好。尤其是用来浇灌昙花、令箭荷花、蟹爪兰、霸王鞭、仙人掌、仙人球等花卉，效果更佳。

（五）自制养花肥料

将变质葡萄糖粉捣碎与清水按1：100的比例混合，浇灌花木，能使花木黄叶变绿，长势茂盛，适用于吊兰、虎刺梅、万年青、龟背竹等。淘米水和烂西红柿放在一个容器里，发酵后用来浇花木，会使花木枝繁叶茂。

家庭花卉在含苞欲放之际，用万分之一浓度小苏打溶液浇花，会促使花开繁茂。把山石盆景放在阴湿地方，每天用沉淀过的淘米水浇需要长青苔的地方，一般情况下15～20天便能生出绿茵茵的青苔。

（六）啤酒

二氧化碳是各种植物及花卉进行新陈代谢不可缺少的物质，而且啤酒中含有大量二氧化碳、糖、蛋白质、氨基酸和磷酸盐等物质，有益于花卉生长。

（1）用适量啤酒浇花，可使花卉生长旺盛，叶绿花艳，不仅能够使花卉得到充分养分，而且还吸收得特别快。用水和啤酒按1：50的比例均匀混合后即可使用。

（2）用水和啤酒按1∶10的比例均匀混合后，喷洒叶片，同样能起到根外施肥的效果。

（3）观叶类花木可用脱脂棉或洁净软布蘸啤酒，轻轻擦拭叶片。这样可使叶片更加翠绿，并富有光泽，同时叶片也显得肥厚。

（4）在花瓶中倒入1/10啤酒，能使插花更加光彩照人，并可延长数天观赏时间。

五、家养盆栽花卉病虫害防治

用农药防治花卉病虫害，会严重污染环境，因此自制土农药，不仅原料易得，配制方便，经济省时，而且无污染、无公害，防治效果也很好。见表5-7。

表5-7　　自制土农药

序号	名称	制作方法	杀虫类别
1	草木灰	用草木灰500克兑水2.5千克，浸泡24小时滤去杂质，用滤清液喷洒受害植株	可有效地杀死蚜虫
2	氨水	从虫道上孔注射20～30毫升20%的氨水，再用黏土或蜡密封30～40分钟	在幼虫孵化期、成虫羽化前、幼虫越冬时，即可杀死幼虫或蛹。天牛、吉丁虫、木蠹蛾等害虫
3	碘酒	将腐烂部分全部刮除，深达木质部，然后涂抹碘酒。每隔10天再涂抹一次，不仅可彻底治愈腐烂部分，而且时间一长，主干斑瘤突出，更加显出苍古奇特	介壳虫、蚜虫
4	白酒	把白酒和清水按1∶5比例兑制，1周1次，连续3～4次	介壳虫
5	食醋	用食醋50毫升，将棉球在醋内浸湿后，再用蘸有食醋的棉球在花卉的叶子上轻轻擦拭	介壳虫

续表

序号	名称	制作方法	杀虫类别
6	辣椒水	取干辣椒（以朝天椒等辣味浓的品种为佳）100克，加适量清水煮沸10～15分钟，过滤后喷洒花卉植株	蚜虫、红蜘蛛和白粉虱等害虫
7	茶子饼水	将茶子饼砸碎，用适量开水浸泡24小时（以浸出茶子饼内的生物碱和皂素）。过滤后再用清水将滤液稀释20～30倍作喷雾	对蚜虫、蜗牛、飞虱防治效果良好
8	桃叶水	（1）取桃叶1千克，加水5千克煮沸半小时，过滤后，取其滤液喷洒 （2）将桃叶晒干，研成粉末，埋入土内	（1）桃叶水可防治尺蠖、蚜虫和软体害虫 （2）桃叶粉末可防治蛴螬、白蚁、蝼蛄等地下害虫
9	烟叶石灰水	取烟叶500克，生石灰500克，加水30～40千克，热浸或冷浸均可	如蚜虫、蓟马、木虱、跳甲等
10	蓖麻水	将蓖麻子100克捣烂，加清水1千克浸泡2～3小时，过滤后加入少量中性洗衣粉和6～8千克水	可防治蚜虫、叶蝉、金龟子等害虫
11	大蒜水	将紫皮大蒜捣碎，榨出汁液，再用清水将其汁液稀释10倍后，即可喷洒	可防治蚜虫、红蜘蛛、介壳虫、灰霉病和根腐病等
12	姜水	将鲜姜捣碎榨出汁液，用清水将其汁液稀释10～15倍后作喷雾	能防治多种花卉的煤污病、腐烂病，并能抑制危害花卉的多种病菌孢子的萌发

六、家养盆栽花卉养护

（一）通风

现代居室保暖较好，但是在光线差的地方，通风换气环境较差，如果通风不畅，花卉会受闷热之害，会造成室内湿度过高。要注意通风换气，使其生长良

好，不至于因潮湿或太干而造成伤害。通风换气、流通空气能减少花卉病虫害的发生。

（二）改善生长环境

如发现花卉叶片有萎蔫、发黄、落叶或暗淡无生机等现象，应及时改善生长环境，进行恢复养护。其间不能让阳光直射，以防被太阳灼烧或大量蒸发失水，萎蔫死亡。

将黄叶、枯叶、病叶等剪去，适量浇水，同时配以薄清肥水，每周1次。1个月后逐步增加，2～2.5个月后，增加到正常施用浓度。

待生机恢复，再视长势换土换盆。盆土以腐叶土与沙壤土各半为宜，底肥以干猪粪为好，配少许骨粉和油渣，因为骨粉和油渣为迟效肥，可在植株更换到室内后，慢慢发挥肥效。盆底一定要空、透，以防再度搬进室内时遇空气不畅，积水烂根。

相关知识：

改善花卉生长条件，换盆有技巧

随着盆花植株的长大，通过换盆可使花盆大小与花卉相称，改善花卉生长营养条件。趁盆花休眠结束新芽萌动，花卉刚从室内搬到阳台上尚未抽梢时，进行换盆最好。不同花卉移栽时间稍有差异。

1.更换花盆大小适宜

根据花卉根幅大小来选择花盆，花盆直径比根幅直径大5厘米较为适宜。根据花卉树冠大小来选择花盆，花卉冠径比花盆直径大出8厘米较为适宜。大盆养小花对花卉生长非常不利，因为花小需要肥水少，而盆大土多不易掌握水肥量，反而影响其正常生长。

2.新盆去燥旧盆杀菌

新盆应在栽花前先放在清水中浸24小时，刷洗、晾干后再使用，去其燥性。旧盆应放在阳光下曝晒杀菌，重新使用前将盆内外刷洗干净，清除可能存在的虫卵，必要时应喷洒药剂消毒。

瓦盆比较好，价格低廉，透气性好。紫砂盆制作精巧，透气性不如瓦盆。瓷盆透气性不良。塑料盆轻巧，但排水、透气性能差。

3. 换盆操作按部就班

换盆前几天不要给花卉浇水，以便盆土与盆壁脱离。进入新盆前，要剪去盘绕根和老根，剪断过长根和受伤的根。如果损伤的根太多，还需剪掉叶子。刚浇过水的花卉不要立即换盆。

4. 细心养护薄肥勤施

如果在移植适期换盆，按一般方法养护即可成活。盆花换盆后，浇一次透水，使盆土吸足水，浇水次数不要太多，一定要等盆土干燥后再浇水。平时最好每天进行一次叶面喷水。刚换过盆的花卉应放在阴凉处，不能在太阳下暴晒，也不能在风口处猛吹，以免伤害花卉。刚换盆花卉不能施肥，因为经移植后根系不能马上吸收肥分，等到在新盆中长出新叶或萌发新根后，再按薄肥勤施原则进行施肥。

（三）抗寒保暖

冬天花卉都应保暖，特别是花叶万年青、绿萝、铁树、竹芋、凤梨、绿巨人、散尾葵、海芋、虎尾兰等都喜欢较高的温度，所以将其可放在有取暖设备的房间向阳处，至少保持室内温度12℃以上。袖珍椰子、龟背竹、春芋能耐一定的寒冷，室温可稍低些。

相关知识：

家养盆花如何过冬

冬季天气寒冷，多数盆栽花卉都要搬入室内养护。为了让盆花安全越冬，过冬时节应注意以下六点：

1. 室内温度越低越要节制浇水，保持干燥。

2. 花卉叶片上如灰尘过多，应喷水洗净。

3. 应根据花卉生长习性和对温度、光照要求，选择适宜的放置地方。

（1）对喜暖喜光花卉，如米兰、白兰、茉莉、叶子龙等以及多浆植物和仙人掌类植物，宜放置在阳光充足、温暖的地方，室内温度保持10~15℃为好。

（2）对喜暖畏寒，不宜强光照射的花卉，如兰花、杜鹃、茶花等，宜放置在无强光照射之处。

（3）对御寒能力较强的花卉，如腊梅、迎春、梅花、海棠、紫薇、小菊花等，宜放置在散射阳光、不结冰、低温场所。

4. 对处于冬眠或半冬眠的花卉，尽量保持干燥，宁干勿湿。不要浇太凉的水，水温以接近室温为宜。

5. 如果室内温度较高，中午应开窗通风换气，或将盆花移至室内阴凉处。

6. 如果花草受冻，不要马上移至高温处，应让其先逐渐缓解冻伤。

（四）常洗叶

室内养的花卉，不便于喷水。时间长了，花叶上容易落上灰尘，叶孔会被堵死。叶孔是花卉呼吸的渠道，如果堵死花卉便无法正常呼吸。长此以往，会影响花卉生长，所以要常洗叶。

（1）君子兰、龟背竹、橡皮树、绿萝等，可用一半啤酒、一半水的比例，将药棉浸湿擦洗花叶的正反面，一周一次。

（2）杜鹃、茶花、兰花、蝴蝶兰等可用淡茶水擦洗叶面。

（3）如果花叶有病虫害，可结合给花洗叶一起防治。把鲜橘子皮捣碎，用纱布挤出汁，把液汁放入清水中，用药棉蘸水擦洗叶面。橘子皮是很好的杀虫剂，可以杀死各种害虫，适合各种花卉使用。

（4）将食醋和水按1：100的比例配成溶液，放在喷壶内，每周向各种花卉叶面喷一次，可自动清洗叶面。

相关知识：

家庭养花大蒜妙用

家庭养花有一种很有用的东西，那就是大蒜。大蒜含有大蒜氨酸，经大蒜酶水解成大蒜辣素，作为植物性农药应用于花卉中，具有多种效果。

1. 促进发芽

将大蒜去皮捣烂，与凉开水按1：3的比例涂抹玉兰、桂花、茶梅、腊梅等萌芽，可提前5~7天萌发。涂抹修剪花卉造成的剪口，可防止剪口干枯，促进萌芽整齐。

2. 防治腐烂

紫荆、连翘等花卉根茎部分干枯腐烂后，用利刀削平，深达木质部，将病菌周围的好皮切成60°的光滑斜面，以露出黄绿相间形成层为好。用大蒜瓣直接涂擦伤口，并使其附着一层大蒜黏液，7~10天涂抹1次，可起防腐作用，尤其在夏季效果更好。

3. 防治蚜虫

将大蒜捣碎，加1份水拌匀，再加50份水，搅拌均匀，随配随用。均匀喷洒在花卉叶片背面，可有效防治花卉蚜虫，若在其中加入适量大豆粉或洗衣粉等，效果会更好。

4. 防腐保鲜

将大蒜捣碎后放于清水中浸泡12小时，连同水烧开，冷却后过滤，即成大蒜浸出液，将插花在10%的大蒜浸出液中浸泡10~20秒，可延长插花花期。

第四节　常见花卉插制摆放

插花，即把几种色彩和谐的植物插在一起，相互辉映，疏密有致，艳而不

俗，雅而有韵，能产生强烈的艺术感染力。插花对于家庭来说，也是很适用的。一盆上好的插花，既能陶冶情操，又有美的享受，能让你每天都有个好心情。

一、家庭插花要点

（一）门厅

门厅可设一弯腿平面小台案，后面置一面镜子，案上摆上小竹篮，插上花，带有迎客之意，镜子的照射又加深了视野。

（二）客厅

客厅是家庭活动的主要场所，用来接待亲友。客厅插花一定要突出热烈、祥和的气氛，要求色彩艳丽、充实而丰满。可以放一张矮腿玻璃面小圆桌，底桌架可用流线形铸铁制作。桌面玻璃花瓶内插花，可营造一种高雅别致、芳馨的氛围。

（三）卧室

卧室摆放柔美纤细、典雅质朴的插花，可让人感到安宁舒适。最忌色彩过于艳丽，以浅色为主，如晚香玉、水仙、蜡梅、浅色月季等，重点体现淡、简、雅三个字，烘托出一个恬静、幽雅的环境。若花材选用有香味者则更佳，能使人轻松舒畅，悠然入梦。

可以在依墙处的几案上置一瓶花，鲜花争妍，可使室内充满生机，增添美感，强化祥和静谧的气氛。

（四）书房

书房插花要注意清雅飘逸、枝叶疏密，使人感到幽静、清爽。可以在窗台或写字台上置一小花瓶，插上鲜花，写作看书疲劳时，看上一眼，自有一种轻松感，对视力也有好处。

（五）墙壁

悬挂于墙壁上的花瓶，宜与人站立时的视平线一致。在米黄色的壁纸上可装饰几枝山茶，在淡蓝色墙壁上可点缀几束微型月季，在白色粉墙上吊一盆翠绿吊兰，可使人耳目一新。

二、常见家庭插花形式

（一）瓶花

以瓶作为插花器皿的插花。

（1）口径较细或适中的花瓶，多用于草本花材插花。不需要固定，只需按照“一枝二枝正，三枝四枝斜”的原则摆放，然后插入陪衬花材就完成了。

（2）口径较大花瓶，更适宜插木本花材，或依靠瓶口互相交叉或作“T”字形固定。不过要注意选用弯曲有形、错落有致的花枝，可再配些陪衬花材。

（二）盆花

圆形水盆（一般花店都有售），多用剑山固定。常见形式有半圆形、不对称形、自然形三种，具体见表5-8。

表5-8　盆花常见方式

序号	形式	说明	备注
1	半圆形	用于花朵较小的花材，如香石竹、孔雀草等	至少用到十几朵才够，插时使花型呈半圆状，花的间距要相等
2	不对称形	用于花朵较大的花材，如月季、菊花、郁金香等	有六七朵就可，造型注意起伏、韵律，体现出不对称形自然美
3	自然形	用于枝干弯曲的花材，如梅花、牡丹、竹节海棠等	取一二枝盛开花枝，再取些陪衬花材，但是陪衬花材不可过多

（三）盆景式

盆景式多以木本花材为主体，草本花材为辅助。水盆则以腰圆形、长方形为佳。一侧为主体，另一侧为辅助。主体较辅助高，则中间留有较大空间。

（四）竹筒

竹筒原盛行于中国，在公元8～11世纪由中国传入日本。竹筒主要包括单筒、层生（有两个以上的节，在每节中部开一个洞插上花材）、船生（横卧，上部剖开）三种形式。

（五）花篮

花篮内部放有盛水容器，多采用花形较大的花材。如香石竹、菊花、唐菖蒲、月季、牡丹、石斛兰、一品红等，再配以少量观叶花材就可以了。常见花篮形式有：

(1) 圆形。多为庆贺花篮，其造型丰满、匀称，四面都可欣赏。

(2) L形。外形酷似“L”而得名，多采用干茎较长的花卉，如唐菖蒲、菊花、马蹄莲等。

(3) 自然形。自然形是表达心境，抒发情感的最佳方式，可随心所欲插出自己心仪的作品。

（六）挂件式

在墙壁上挂件，如相框工艺品、国画等，插一二朵花略加点缀，既增强挂件艺术美，又使居室生机盎然。如在壁灯上插支吊兰。若插花则应配些肾蕨之类的观叶形花材。

（七）野趣式

凭个人喜好随便选些不知名野果，插起来较随意。

三、家庭插花花瓶选择

不少人喜欢在家里摆放盆栽，希望为家居增添一分大自然气息。如果能够再配一个别出心裁的花瓶，不但植物可为居室带来点点绿意，花瓶本身更可作为小摆设以点缀家居，所以花瓶选择很重要。玻璃花瓶、陶制花瓶、彩色花瓶，各有风格，最重要的是花瓶摆设要与周遭环境相吻合，这样才能营造出生气勃勃的气氛。

（一）客厅

呈现现代气息的玻璃花瓶适宜放置于客厅内沙发壁炉旁、博古几架以及装饰柜中。客厅是亲朋好友聚会的地方，可选择一些色彩鲜艳的花瓶，以给客厅带来热烈的气息。

（二）餐厅

餐厅是大家用餐与交流的地方，花瓶高度不宜太高，否则会影响到大家的视线。花瓶宜摆放于餐桌中央，这样大家可以一边就餐一边欣赏鲜花。

（三）书房

书房是阅读的地方，应选择色泽安静的花瓶。即便不插花，花瓶本身也能用来装点书房。不过要根据房间和家具形状、大小来选择花瓶。

（1）书房较狭窄，就不宜选体积过大的花瓶，以免产生拥挤压抑的感觉，在适当地方摆置精致小巧的花瓶，可起到点缀、强化装饰效果。

（2）面积较宽阔的书房则可选择体积较大的花瓶，如半人高落地瓷花瓶、彩绘玻璃花瓶，都能为夏日书房平添一份清雅祥和的气氛。

（四）卧室

用花瓶布置卧室时，首先应考虑色彩既要协调，又要有对比性。根据房间内墙壁、天花板吊顶、地板以及家具和其他摆设物的色彩来选定。卧室里应选择让人感觉质地温馨的花瓶，比如陶质、木质花瓶。

如房间色调偏冷，则可考虑暖色调的花瓶，以加强房间内热烈而活泼的气氛；反之，则可布置冷色调的花瓶，给人以宁静安详的感觉。

（五）厨房

厨房环境应首先考虑清洁卫生，植物植株应以清洁、无病虫害、无异味品种为主。由于厨房易产生油烟，摆放的植物应有较好的抗污染能力，如芦荟、水塔花、肾蕨、万年青等。若能选择蔬菜、水果材料作成插花，既与厨房环境相协调，更别具情趣。

四、保持家庭插花长久的技巧

（一）处理花枝

所插花枝不可自植株上随意剪取，应选含苞待放的鲜嫩枝。剪取时用锋利小刀比剪刀效果好。木本花卉剪口可烤焦，放在酒精里浸泡一分钟。草本花卉可将花枝基部浸入沸水中一两分钟，可起到梗塞切口、防止花枝组织中液汁外溢的作用。

（二）选择器皿

插花器皿以铜质最佳，铜质花瓶或花盆能分解出铜离子，不利于细菌生长。

陶器花瓶透气性强，水不易腐。塑料器皿虽然质轻价廉，但瓶水易变质，所以不宜使用。

（三）经常换水

插花无论是用瓶还是用盆，水质以雨水最佳，河水、井水、自来水次之。水中可加入少量食盐、食糖、阿司匹林及0.1%的硼砂或高锰酸钾，以延长插花姿色。瓶水要勤换，每日凌晨为宜。注意在换新鲜水的同时要冲洗花枝和器皿。

（四）控制室温

摆放插花的厅堂、卧室室温不宜过高，尽量减少花枝水分的蒸发。

（五）保持环境

插花不要用油手摆弄，忌密花；花下不宜焚香。另外蜡烛废气和煤烟对插花有一定危害，必须远离。

五、家庭插花色彩和谐搭配

在生活中，存在一些色彩搭配禁忌，如桃红和翠绿，粉红和橘黄。可以通过运用一些颜色和质感搭配技巧，使这些色彩禁忌搭配显得更加富有艺术效果。

如纤细白色花朵、嫩绿花茎，配上陶土质感花瓶，再用红色作为瓶底映衬，冷暖交融，软硬柔和，对比搭配产生一种奇异美感。

不论在协调搭配还是在对比搭配中，都要特别注意白色的运用。在协调搭配中，要谨慎运用白色，因为白色容易削弱之前建立的某个基础色感。在对比搭配中，白色通常被用于调和尖锐对比缓冲。但当只有黑色和白色相搭配时，白色才成为矛盾的一个方面。

第五节　庭院绿化

庭院绿化坚持乔、灌、花、草合理搭配，落叶植物与常绿植物相结合，观叶与观花、观果植物相结合，观赏与实用相结合的原则，充分发展立体空间，注重景色季相变化。

一、适宜庭院种植的植物

适宜庭院种植的植物，见表5-9。

表5-9 适宜庭院种植的植物

序号	类别	示例
1	观花类	樱花、紫薇、紫叶李、碧桃、白玉兰、腊梅、月季、玫瑰、榆叶梅、西府海棠、贴梗海棠、迎春、丁香、芍药、牡丹、金银花、萱草、玉簪、美人蕉、红花醉浆草、福禄考、大丽花、荷花、睡莲等
2	观叶类	竹子、银杏、黄栌、五角枫、北美鹅掌楸、扶芳藤、麦冬等
3	观花观果类	樱桃、石榴、海州常山、金银木、柿子、山楂、桃、李、苹果树等
4	爬藤类	葡萄、紫藤、爬山虎等

二、选择庭院植物品种

在选择植物材料时，应选择适合种植环境、耐移栽、抗病或抗恶劣气候的植物，以及防止水土流失的植物种类。

庭院在形态、大小、地形和气候等方面各不相同，任何植物种植前都应考虑土壤、气候、地形和其他因素。同时，私家庭院绿化是在现有地形、地质构造范围内进行，在植物选取上，宜因地制宜，对庭院周围环境，风土，园主人喜好、忌讳等方面综合考虑。

私家庭院多以绿篱、花墙、栏栅围合，庭院外围则做统一规划，园内宜采取简洁布置形式，植物应回避使用高大乔木，多以小灌木、二乔、盆栽植物或地被植物为主。

三、庭院植物配置方式

在现代庭院中，植物配置可总结为香、色、姿，大小高低、常绿落叶、明暗

疏密、花木与树群、花木与房屋、花木与山地等。

（1）孤植具有香、色、姿特点，可以做对景主题景物，视线上对景如屋、桥、路旁、水刺等转点处。

（2）同一树种群植有自然丛生的风格，如柿子林、黄栌林等。

（3）每种树种群植应错落有致，大小搭配，常绿与落叶，高低配合，前后左右，近、中、远层次配置得当。

（4）近距离以观赏为主，香、色、姿较好的花木，如竹、腊梅、山茶、海棠等，或配置成树石组景。

（5）窗景配置。绿意满窗，沟通内外、扩大空间配置成各种主题景物，如小枝横生、一叶芭蕉、几竿修竹。

（6）房屋周围花木配置。花木配置方式要处理好树与房屋基础，管沟之间的界限，处理好日照、采光、通风的关系。

（7）假山与花木配置。要尺寸合适，低山与乔木在比例上不是山，假山上只适合栽植体量小的花木或垂萝，以显示山的尺度。

四、庭院绿化简易方法

若把植物杂乱无章地种植在庭院内，就达不到景观艺术和美化的效果。所以，绿化时要考虑庭院面积大小，按照大有大的规划、小有小的灵巧进行布局，才会达到理想的效果。

（一）较小庭院绿化

如果庭院较小，就不适宜种植过多的花木，特别是高大粗壮的树木，否则就会影响视线，给活动带来不便。对于四周建筑多、阳光直射时间短，因而光线较弱的庭院，可以栽种耐阴的小灌木，如杜鹃、山茶、枫树、佛手、葡萄等，也可在庭院中或四周置放龟背竹、万年青、吊兰、棕竹、君子兰、马蹄莲、橘子等盆栽植物。

（二）较大庭院绿化

如果庭院较大，面积在30～50平方米之间，而且阳光较好、空气流通，可以栽种一些喜光性阳性花卉，如丁香、木兰、石榴、牡丹、月季、梅花。在离门窗较近的地方，砌一个花池，种植球根、宿根性草本植物，如郁金香、石蒜等，也可种植矮牵牛、萱草、铃兰、三色堇等形成花境，或种植桃叶珊瑚、八角金盘、枫树等观叶植物。

（三）空闲角落绿化

庭院空闲角落可种植几株芭蕉，在夏天可避暑纳凉。尤其是在中秋时节，雨打芭蕉，别有风味。当然，芭蕉不是什么地方都能种植成活的，一定要考虑当地气候特点。

特别提示

在庭院绿化时，要保证土壤排水畅通，避免积水。如果庭院由于光照不足造成土壤过于潮湿，植物生长不良可改为盆栽，置于通风透光、阳光充足的地方，为植物营造一个良好的生存环境。

（四）绿篱栽植

如果庭院需要栽植绿篱，可以选择珊瑚树、大叶黄杨、凤尾竹等与庭院背景相配合的花木。

五、庭院植物栽植八关

（1）选苗关。选择优质无病虫害苗木。

（2）起苗关。根幅要大。

（3）运输关。做到随起、随运、随栽，起出后至定植前要注意保持根部湿润，不受风吹日晒。

（4）挖坑关。坑要挖大，让树苗根系舒展，根系不带土球乔木苗，栽植深度应比原根颈土痕高5～10厘米，丛枝灌木栽植深度应与原根颈土痕齐，带土球苗木应比土球高2～3厘米。

（5）填土关。要回填好土，石灰土、垃圾土等劣质土要坚决换掉。

（6）施肥关。要施足基肥，满足苗木生长需要。

（7）浇水关。浇水前先用土在树坑外缘培起高约15厘米左右圆形地堰，栽植后浇三遍透水，然后封坑。

（8）日常管理关。乔木栽植后要及时立支柱进行支撑，以防被风吹倒，树干要用草绳或薄膜缠干；落叶藤木应在生长初期采取人工牵引或捆缚措施。

本章习题：

1. 选择家具应遵循哪些原则？
2. 各种生活器具的放置方法有哪些？
3. 居室布置应注意哪些事项？
4. 室内绿化装饰应遵循哪些原则？
5. 家庭养花必备的工具有哪些？
6. 简述家养盆栽花卉浇水的方法。
7. 常见家庭插花有哪几种形式？
8. 简述家庭插花长久技巧。
9. 庭院植物栽植应把哪八关？

第六章

衣物洗烫与保管技能

本章学习目标：

1.认识常见衣物洗涤标签。

2.掌握不宜用机洗衣物的洗法。

3.熟知衣物干洗应注意的事项。

4.掌握不同污渍的处理方法。

5.掌握测定熨斗表面温度的方法。

6.了解衣物保管收存的基本要求。

7.掌握不同衣物的保管方法。

第一节　衣物洗涤基本常识

一、常见质料中英文对照

常见质料名称中英文对照， 见表6–1。

表6-1　　常见质料名称中英文对照

中文名称	英文名称
棉	Cotton
麻	Linen
羊毛	Wool
丝	Silk
人造丝	Rayon
尼龙	Nylon
聚酯纤维	Polyester
丙烯酸纤维	Acrylic
醋酸纤维	Acetate
真皮	Realleather
人造皮	Syntheticleather
丝绒或天鹅绒	Velourorvelvet

二、常见衣物洗涤标签

一般衣物上均附有质料及护理标签，提醒消费者要注意清洁时的处理程序。表6–2重点介绍常见洗涤标签。

表6-2　　洗涤标签

标志符号	说明	标志符号	说明
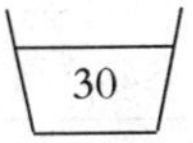 30	可以水洗，30表示洗涤水温30℃，一般水温分别为30℃、40℃、50℃、60℃、70℃、95℃等	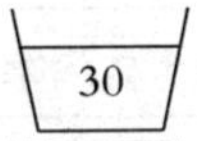 30	可以用30℃水洗
	只能用手洗，勿用洗衣机	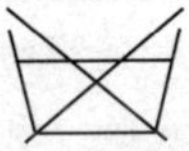	不可用水洗涤
	洗后不可拧绞	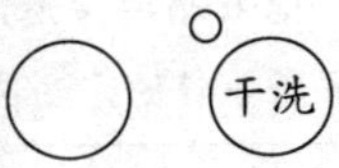 干洗	可以干洗（常规干洗）
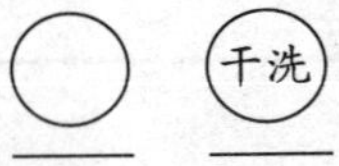 干洗	可以干洗（缓和干洗）	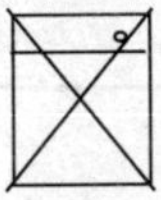	切勿用洗衣机洗涤
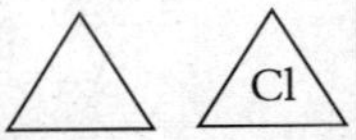 Cl	可以使用含氯的漂白剂	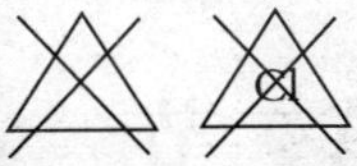 Cl	不得用含氯的漂白剂
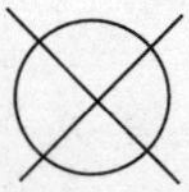	不可干洗	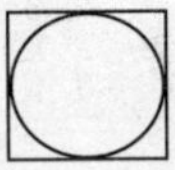	可转笼翻转干燥
	不可转笼翻转干燥		

三、常用衣物清洁剂

洗衣物时，必须针对不同的质料使用适当的清洁剂（见表6-3），这样才可以达到最理想的清洁效果。

表6-3 常见衣物清洁剂及用途

序号	清洁剂	用途
1	洗衣皂	洗刷衣领和袖口的污渍
2	洗衣液	适用于洗涤质料精细的衣物，如丝料、毛料和婴儿衣服等
3	生物清洁剂	可除去衣物上的蛋白质污渍，除去衣物上较顽固的污渍和油渍
4	强力洗衣粉	用于一般的家庭清洗，可除去衣物上较顽固的污渍和油渍
5	漂白水	一种强力的漂白剂，使用时必须稀释，并且要戴上手套，以免伤害皮肤。衣物洗涤标签上有“Cl”符号的衣物可使用这种漂白剂，一般只适用于未经防缩防皱处理的白色棉质或麻质衣物
6	预洗剂	沾有顽固污渍的衣物可先在污渍上喷上预洗剂，约5分钟后再依照一般的方法洗涤，顽固污渍便很容易清除
7	衣物柔顺剂	有液体剂和片状剂，在洗衣的最后一次过水时加入，使衣物的纤维松软，晾干后柔顺易熨，并且减低衣物的静电作用。特别适合毛、丝和棉质衣料的衣物

第二节 衣物洗涤处理

一、洗衣准备工作

（一）整理衣物

不论用手洗还是机洗，要先按照下列方式准备就绪：

（1）将清洗时容易伤害到其他衣物的拉链、纽扣、铜丝、钩扣等扣好。

（2）将松散或掉落的扣子钉上，修补好裂缝。

（3）将口袋里的东西掏干净。

（4）刷去污物，尤其是干泥。毛发可以用胶带去除，只要将一条胶带按在衣服上，再撕下来，毛发就会被它粘落。

（5）将丝带、围裙带等各种线带铺平。

（6）如果老是丢失短袜，可事先用衣夹将每双袜子夹在一起。

（7）把颜色相同及洗衣程序相同的衣服进行归类。

（8）如果衣服没附处理标签，最好将它放在慢速循环的冷水中搅拌，或用手洗，或送去干洗。

（二）测试衣料会不会褪色

将新衣物与其他颜色的衣物混在一起洗前，应先试一下衣服会不会褪色，可以测试衣服较隐秘的地方，如腋下或衣角的缝块。测试步骤如下：

（1）将一团棉花或棉纸弄湿，放在衣物上5分钟。

（2）如果棉花或棉纸染上任何颜色，则将衣物个别洗或干洗。

（3）如果颜色没扩散，只要不是用热水洗，就可以与其他颜色的衣物一起洗。

（三）预洗

仔细翻看每件衣服，必要时需先处理污渍。可以用液体喷剂或一种特殊的肥皂棒涂在污渍上，处理衣领和袖口上的污渍，如化妆品、调味酱、酒、亮光蜡、发胶等。也可以用粉笔用力擦，因为粉笔可以吸油，一般油渍去除后，污渍很快就可以除去。

特别提示

非常脏的衣服、运动衣裤等，应先进行一般预洗程序。

（四）浸泡

（1）较为有效的预洗方式是在洗涤前，将衣服浸泡在洗涤剂中一段时间。

（2）对于顽固性的渍痕，在浸泡前先涂上去渍品。

（3）把衣服放入水槽里或使用液体洗涤剂时，确定洗涤剂完全溶解。

（4）不要将白色和有色的衣物泡在一起。

（5）丝、羊毛、皮革、耐火织物、会褪色或只能晾干、不能烘干的衣服不浸泡。

二、不宜用机洗衣物的洗法

洗衣时，千万不要把所有衣物丢到洗衣机里去洗，因为有些衣物是不能用洗衣机洗的，否则将得不偿失。不宜用机洗的衣物应采取妥善的洗涤方法。

（一）丝绸衣物

丝绸衣物脏了，可放在冷水中加洗涤剂，用手反复揉搓几次就可以了。

相关知识：

学会辨别真假丝绸

真假丝绸容易搞混，只有区分出真假丝绸，才能确定是用机洗还是手洗。

丝绸品种很多，有适于做衬衣、连衣裙的轻盈飘逸、凉爽透气的绸、纺、绉，纱等织物；有适于制作棉衣外套、旗袍等厚实庄重、光华富贵的缎、绵、绒等织品。不知道如何区分真假丝绸，可能会导致手忙脚乱不知如何洗涤。

真丝绸织品质地光滑柔软，富有弹性；具有蚕丝天然光泽，明亮而柔和，缩水率大，一般在5%～10%。可以选择点燃丝绸纤维，真丝绸燃速慢，发出烧毛发气味。

假丝绸是采用人造纤维与蚕丝混纺，或纯人造纤维、合成纤维织品，如尼丝纺，涤爽绸、涤丝纺等。人造纤维丝织品手感黏腻、粗硬，绸面易起皱，光泽亮而刺眼，颜色艳丽，缩水率低，单丝较粗而均平，扯断时毛头整齐，润湿后更易扯断。点燃纤维，有烧纸或醋味。合成纤维丝织品，手感滑爽，不粘手，富有弹性，光泽明亮刺眼，颜色鲜艳夺目，不易起皱，缩水率小于5%，单丝粗细均匀，不易扯断。点燃纤维时，有其他气味。

（二）嵌丝衣料服装

嵌丝衣料服装只宜放在35℃左右的中性肥皂液或合成洗涤液中浸泡，泡透后用手翻动几次，待脏物洗掉后用清水漂洗，挂在衣架上，让其自然滴水晾干即可。

（三）毛料衣服

毛料衣服宜干洗，不宜在洗衣桶中水洗。

（四）沾有汽油工作服

这类衣物千万不可在洗衣机内洗。这是因为汽油易燃、易爆，不但油污扩散后会污染、腐蚀洗衣机，还有可能因运转中的洗衣机出现打火现象而引起爆炸。

三、手工洗衣

手洗衣物首先应做到衣物勤洗、勤换。

（一）用肥皂手洗

用肥皂手洗衣物，一般需要先浸泡2分钟左右，做到将衣物完全浸湿。

（1）用肥皂按照一定顺序，如从上到下或者从左到右顺序将衣物抹一遍，衣物较脏多抹点，不太脏少抹点，然后开始揉搓衣物。

（2）用肥皂量以出泡沫为准，上衣重点洗涤部位为领口、前襟、袖口部分，裤子重点洗涤部位为屁股、膝盖和裤口部分。重点部位可以适当多抹些肥皂，有脏印迹的部位要用力反复揉搓，直到干净为止。最后将衣物上的泡沫尽量挤干。

（3）衣物一般需要清洗三次，清洗时应揉搓衣物，除去上面的泡沫。每次洗完后将衣物拧干。为了节约用水，可先洗不褪色衣物，接着用清洗的水洗褪色衣物。

（二）用洗衣粉（洗衣液）手洗

根据衣物量注入清水，水温一般不超过30℃，按照洗衣粉（洗衣液）包装上用量放入适当洗衣粉（洗衣液），搅匀后放入衣物，浸泡10分钟左右。

（1）根据衣物肮脏程度决定揉搓力度和时间，对衣服领口、前襟、袖口部分和裤子屁股、膝盖和裤口部分重点关注，不能轻易去掉的印迹要单独抹少量洗衣粉（洗衣液）或者肥皂加力揉搓，直到干净为止。最后将衣物上的泡沫尽量挤干。

（2）洗涤方法与肥皂一样。由于使用洗衣粉（洗衣液）不易掌握用量，很容易出现泡沫过多的情况，如果清洗三次都没有将泡沫完全除去，应增加清洗次数，不要留下洗衣粉白色泡沫，那样浅色衣服干了之后会出现痕迹。

相关知识：

羽绒服洗涤

1. 一定要手洗

在羽绒服内侧，都缝有一个印有保养和洗涤说明的小标签，90%的羽绒服标明要手洗，切忌干洗，因为干洗用药水会影响保暖性，也会使布料老化。羽绒服机洗和甩干被拧搅后，极易导致填充物薄厚不匀，使衣物走形，影响美观和保暖性。

2.30℃水温漂洗

先将羽绒服放入冷水中浸泡20分钟，让羽绒服内外充分湿润。将洗涤剂溶入30℃温水中，再将羽绒服放入其中浸泡15分钟，然后用软毛刷轻轻刷洗。漂洗要用温水，可以让洗涤剂充分溶解于水中，使羽绒服漂洗得更干净。

3. 洗衣粉浓度不能过高

如果一定要用洗衣粉清洗羽绒服，通常两盆水放入4～5汤匙洗衣粉为宜，如果浓度过高，难以漂洗干净，羽绒中残留的洗衣粉，会影响羽绒的蓬松度，大大降低保暖性。

4. 最好使用中性洗涤剂

中性洗涤剂对衣料和羽绒伤害最小，使用碱性洗涤剂，如果漂洗不净，残留洗涤剂会对羽绒服造成损害，并且容易在衣服表面留下白色痕迹，影响美观。去除残留碱性洗涤剂，可在漂洗两次之后，在温水中加入两小勺食醋，将羽绒服浸泡一会儿再漂洗，食醋能中和碱性洗涤剂。

5. 不能拧干

羽绒服洗好后，不能拧干，应将水分挤出，再平铺或挂起晾干，禁止暴晒，也不要熨烫，以免烫伤衣物。晾干后，可轻轻拍打，使羽绒服恢复蓬松柔软。

6. 局部清洗

如果羽绒服只是局部有脏污，大可不必整件清洗。因为一般羽绒服面料都不怕水，只要在脏污处滴几滴衣领净或洗涤灵，几分钟后用湿毛巾擦干就能去污。如果一遍擦不干净，就多重复几遍。

如果羽绒服不太脏，可采用干洗法。用毛巾蘸汽油在领口、袖口、前襟等处轻轻揩拭，油污去除后，再用干毛巾揩拭沾有汽油处，待汽油挥发干净后即可穿用。

四、洗衣机洗衣

（1）首先准备好脏衣物、洗衣粉（洗衣液）。

（2）把脏衣物放入洗衣机内，有脏印迹的衣物要先用肥皂和洗衣液把印迹揉搓干净，再放入洗衣机内。

（3）检查洗衣机电源插头是否插好。

（4）按下洗衣机上的电源开关。

（5）选择适当按键，如水位调节、程序选择、甩干时间选择等，衣物较脏可先浸泡10分钟左右。

（6）加入适量洗衣粉（洗衣液）。

（7）盖上洗衣机盖子，按下启动键，开始洗衣服。

（8）洗衣完毕后，洗衣机会发出“嘟、嘟、嘟”声音，表示衣物已经洗好。

特别提示

洗衣时要做到“三先三后”，即先洗浅色衣物，后洗深色衣物；先洗牢固度强的衣物，后洗牢固度差的衣物；先洗新衣物，后洗旧衣物。

五、衣物干洗

这项工作通常由雇主本人完成，若委托给家艺师来做，则应注意以下事项：

（1）要选择信誉好的干洗店。你可以事先向雇主询问去哪一家干洗店。

（2）送衣物前要翻看一下衣物的口袋，以确保没有东西。

（3）送衣物时要和干洗店的工作人员一起仔细检查衣物较脏的部位及磨损程度。

（4）保存好干洗衣物的收条。

（5）按时去干洗店拿取衣物。

（6）取衣物时要仔细检查衣物清洗的效果及其他问题，包括衣物颜色、光泽、磨损程度等。

相关知识：

不可以干洗的衣物

1. 纯棉衣物、以棉纤维为主的衣物

不属于一定要求干洗类型。由于棉纤维面料染色方式和棉布类纺织品的织物结构特点，干洗时重点污垢往往不能彻底洗净。棉布类面料涂抹皂液一类的预处理剂还会造成褪色或变色。因此，纯棉衣物或以棉纤维为主的衣物一般不适合干洗，大多数适合水洗。

2. 床上用品

床上用品中凡是直接与人体接触的，一般都是使用棉纤维制作，如床单、褥单、枕巾、枕套、被里、被罩等。其沾染污垢以水溶性为主，适合使用水洗。某些不与人体接触的床罩类用品，需要根据其质地结构等因素选择适合的洗涤方式。

3. 内衣内裤

内衣内裤污垢与其他衣物完全不同，只能通过水洗才能洗涤干净。因此，不论内衣内裤是什么材质或是颜色，都应该采用水洗，不可以干洗。

4. 水溶性污垢

经过干洗反而不容易洗净衣物上的污垢是多种多样的。其中许多水溶性污垢有可能与油性污垢混合在一起，如菜肴汤汁、含油食物污渍等。这类污垢采用水洗有可能很难一次彻底洗净，但是可以进行有效去渍或是重新进行干洗。

如果不经过水洗，直接先进行干洗，干洗后残留色素性污渍则非常难以洗涤干净。因为在干洗时仅把油脂去掉，污垢其他部分仍然存在于衣物上。通过干洗后烘干程序，污垢经过加热后，原有污垢会更加顽固。

5. 白色以及极浅色

白色或极浅色衣物干洗时极其容易产生干洗机内污染，洗涤后衣物颜色改变。颜色会变得发灰发土，甚至出现条花黑绺。因此，应尽可能采用水洗或湿洗。必须使用干洗的白色或极浅色衣物，需要把干洗机严格地洗净，还要采取相应程序。

六、不同污渍处理

（一）污点

不要只洗有污点的地方，否则会因为用太多碱性清洗剂而使衣物局部变得特别残旧，应该用洗衣粉或肥皂多洗几次，整件服装洗涤，让污点慢慢自然变浅。千万不要用漂白水，因为漂白水有较大的腐蚀性，会破坏纤维。

（二）化妆油

清除化妆油可用酒精或汽油擦拭，再用清水清洗。

（三）果汁、茶叶汁、茄汁及酒渍

衣物上沾有果汁、茶叶汁、茄汁及酒渍时，应尽快在污渍未干时清洗，拉平衣物后先洒些硼砂及灌热水在上面，再擦衣物，待冷却后再用清水清洗。

（四）雪糕、巧克力、冰激凌

清除雪糕、巧克力、冰激凌污渍时，用湿毛巾擦拭后用中性洗涤剂洗涤，如污渍已干，应先用海绵蘸些硼砂液吸去污渍后再清洗。

（五）酱油、食醋

清除酱油、食醋污渍，先蘸上盐（或糖水）拍打后放置30分钟，然后用中性洗涤剂洗涤。

（六）香油、麻油

清除香油、麻油污渍用硼砂液擦拭，再用湿毛巾擦拭。

（七）汽水、可乐

清除汽水、可乐污渍用软布蘸上淡食盐水拍打，时间较长的污渍应先浸泡，再用中性洗涤剂洗。

（八）酒和饮料

酒和饮料新渍可以用清水洗除或用酒精润湿加甘油轻擦，稍后水洗。

（九）乳汁及菜汁

乳汁及菜汁新渍可立即泡入冷水中，涂上肥皂轻轻搓揉去污，较陈旧污渍可用汽油涂擦，去掉油脂，再浸入5%的氨水中轻轻搓揉去除。

特别提示

氨水是氨溶于水得到的水溶液，是无色透明的液体，具有特殊强烈刺激性臭味。如果将特定浓度的氨水直接接触皮肤，会使皮肤变红并有灼热感，所以必须要稀释后再使用。

（十）血渍

如衣物沾有血渍时，应立即将衣物浸入冷水后再用温皂水清洗，白色衣物可漂白。如血渍已干，可用前面的方法再加适量盐水搓洗。

（十一）墨渍

清除墨渍可用米粥或米饭粒加一点食盐搓洗，还可以用40%的大苏打刷洗。

（十二）汗渍

消除衣物上的汗渍，将衣物先放在3%的食盐水中浸泡3～4小时，然后用清水漂洗，再用肥皂水洗净，也可在汗渍处用生姜或冬瓜汁搓洗。

（十三）口红、粉

处理口红、粉污渍时，在污渍部分抹点奶油然后用手轻揉搓洗，剩下污渍抹上酒精轻轻拍打，然后用洗衣粉清洗即可。

相关知识：

衣物防掉色方法

1.酸洗法

洗涤衣服之前，先将衣服放在加有醋的水中泡上一会儿就可以了。注意醋不能太多，否则容易造成浅色衣物染色。如果经常这样清洗衣物，可以保证衣物颜色光洁如新。

2.花露水清洗法

按照常规方法清洗衣服，衣服漂洗干净后，在清水中滴入几滴花露水，然后将清洗好的衣服浸泡在滴有花露水的水中10分钟。这个方法还可起到消毒杀菌和除汗味的作用。

3.盐水浸泡法

为了防止衣物褪色，新买回来的衣服在第一次下水之前要先用浓盐水泡上半个小时，然后再按照常规方法清洗。如果仍有轻微掉色的话，可在下次清洗之前选用淡盐水浸泡10分钟，长此以往坚持下去，衣服就不会再掉色。

4.反晾法

反晾法是最常用的方法，尤其对一些深色衣服尤为有效。实际上，大部分面料衣服不能被太阳直接照射，因为紫外线是衣服褪色的罪魁祸首。因此，衣服不仅要反过来晾晒，条件允许可以尽量放在避光通风地方将衣服晾干。

第三节　衣物晾晒

一、常见衣物晾晒标签

在晾晒衣物时，可以先查看衣物上是否有关于晾晒的标签，见表6-4，如果有，必须要按照要求去晾晒。

表6-4　衣物晾晒的标签

标志符号	说明	标志符号	说明
	可以拧干		不可以拧干
	要悬挂起来晾干		不能挂在衣架上晒干，要放在平面处晾干
	不能拧干，宜悬挂起来滴干		可以用衣架晒干，但不能放在阳光下暴晒
	可以用烘干机烘干衣服		不可以用烘干机烘干衣服

二、脱水后马上晾起来

衣物脱水后，必须马上晾起来。如果衣物在脱水机中放上几个小时，干了之后一定是皱的，这将会给烫衣服增加难度。当无法马上晾衣时，至少要先将衣物摊开放置。脱水后，如果衣物在脱水机里搁置太久，不要直接拿出来晾晒，需要重新注水，再次脱水后再把衣物晾出来才不会变皱。

三、不同衣物晾晒方法

（一）丝绸服装

丝绸服装洗好后要放在阴凉通风处自然晾干，并且最好反面朝外。切忌用火烘烤丝绸服装。丝绸衣物不宜拧干水分及用脱水机脱水，要用毛巾包住衣物挤出水分，再将衣物反转过来挂于阴凉处晾干。

特别提示

丝绸衣物在阳光下暴晒会脆化变黄，所以不宜受阳光直接照射。

（二）纯棉、棉麻类服装

这类服装一般都可放在阳光下直接摊晒，因为这类纤维在日光下强度几乎不下降，或稍有下降但不会变形。不过，为了避免褪色，最好反面朝外。

特别提示

白色棉、麻类衣物，一旦晒干要立即收起来，可以避免阳光照射后，洗衣剂中荧光染料吸收了阳光，会导致衣物变黄。

（三）化纤类服装

化纤类服装洗毕，不宜在阳光下暴晒。因为，腈纶纤维暴晒后易变色泛黄；锦纶、丙纶和人造纤维在阳光的暴晒下，纤维易老化；涤纶、维纶在阳光作用下会加速纤维的光化裂解，影响面料寿命。所以，化纤类服装以在阴凉处晾干为好。

（四）毛料服装

毛料衣物洗后也要放在阴凉通风处，使其自然晾干，并且要反面朝外。因为，羊毛纤维的表面为鳞片层，其外部的天然油胺薄膜赋予了羊毛纤维以柔和的光泽。如果放在阳光下暴晒，表面的油胺薄膜会因高温产生氧化作用而变质，从而严重影响衣物的外观和使用寿命。

（五）羊毛衫、毛衣等针织衣物

为了防止该类衣服变形，可在洗涤后把它们装入网兜，挂在通风处晾干。或者在晾干时用两个衣架悬挂，以避免因悬挂过重而变形。也可以用竹竿或塑料管串起来晾晒，有条件的话，可以平铺在其他物件上晾晒。总之，要避免暴晒或烘烤。

四、晾晒衣物最佳时间

一般来说，晴天9:00~15:00，是晾晒衣物的最佳时段。这个时段气温高、湿度低，容易晒干衣物。9:00前与15:00后，由于气温较低或逐渐下降，湿度较大，容易使衣物变潮湿。

特别提示

有些衣物在高温下很容易出现褪色现象。因此，怕褪色衣物不可以在中午晾晒，一定要选择在清晨或傍晚晾晒。

五、学会晒衣防霉

晒衣防霉时，全毛料衣服可以在阳光下晒半天。丝棉衣服宜在阳光下晒至衣服变蓬松后立即收起，棉布衣服在阳光下晒3个小时左右即可收起。

由于化学纤维衣服吸潮能力差，很少会出现霉斑或虫蛀。因此，一般不需要晾晒防霉。如果衣服沾上污渍或受了潮，则要将污渍洗掉，再晾晒干，才能保存。

六、衣物晾晒技巧

（一）晒衣防皱法

衣服在洗衣机里脱完水后，最好马上取出晒干，如果衣服在脱水机中放置时间过长，容易褪色和起皱。将衣服从脱水机中取出后，要马上甩动几下，防止起皱。衬衫、罩衫、床单等晾干之后，通过拉展轻拍，也有助于防止起皱。

（二）化纤衣服晒干法

化纤衣服洗毕可以直接挂于衣架上，让其自然脱水阴干。这样，既不起皱，又显得干净。

（三）避免阳光直射

阴晒衣服，可使衣服穿用长久。尤其是很多毛、绸、尼龙等衣服，经阳光直射晾晒后，往往颜色变黄，因此最好能在树阴下阴干。

（四）毛衣晒干法

毛衣洗完脱水后，可放在网或帘子上平展整形，待稍微干燥，便挂吊在衣架上，选一个透风阴凉处晾干。细线毛衣晾晒前，最好先在衣架上卷上一层毛巾或浴巾，以防止衣物变形。

第四节　衣物熨烫整理

一、衣物熨烫步骤

（一）确认纺织面料

（1）熨烫衣物时，首先要确认衣物面料，在棉、麻、丝、毛、化纤或混纺纤维中属于哪一类，能承受温度是多少。

相关知识：

不同衣物熨烫温度

如果衣物上没有熨衣指示，但是知道衣服质料种类，那么熨烫温度可以参考下表。

序号	衣物种类	熨烫温度
1	毛织物（薄呢）	约120℃
2	毛织物（厚呢）	约200℃
3	棉织物	160～180℃
4	丝织物	约120℃
5	麻织物	在100℃以下，一般不熨烫

续表

序号	衣物种类	熨烫温度
6	涤纶织物	约130℃
7	锦纶织物	约100℃
8	涤棉或涤粘混纺织物	约150℃
9	涤毛混纺织物	约150℃
10	涤腈混纺织物	约140℃
11	化纤仿丝绸	约130℃
12	维棉混纺织物	约100℃（宜干烫）

注：此表适用于一般衣料，不包括特别处理或经加工过的衣料等，如有光泽的衣物。经过特别处理的纺织品（有光泽、加折、隆起等），熨衣时请用较低温度。

(2) 在衣物熨烫中，必须按照基本形态进行操作。如男士和女士西装形态区别，各种衬衫或大衣的形态要求不同等。只有掌握整形要求，才能使整烫出的衣物满足不同的体形。

（二）提供热能

衣物熨烫过程中，对热能的掌握相当重要，一般有电加热和蒸汽两种。电加热作为衣物熨烫中的方式已逐渐被淘汰。湿蒸汽对衣物表面不会产生影响，蒸汽作用于衣物，使面料获得热能并被加湿，促使衣物面料达到变形的基本条件。供给蒸汽时，需要因物品不同而供给不同的蒸汽量，以达到熨烫预定的目的。

（三）衣物成形

衣物面料受到热能和湿度作用，自身已具备变形条件。此时依据衣物形态要求，对需要熨烫整形的部位，施加一定的压力或拉力，就能熨烫出符合设计的形态。

（四）干燥定型（抽湿）

衣物经过熨烫成形，实现了需要的形态，但是要使形状固定，还需进行快速去湿降温，使衣物面料冷却干燥，自然成形。

（五）保形存放

成形后的衣物在存放时要采用相应的保形手段。如采用悬挂保存等，以免破坏衣物成形效果。

二、测定熨斗表面温度方法

（一）感觉法

对电加热熨斗一般采取一看、二靠、三触的方式。

（二）滴水法

将加热的熨斗底部朝上，滴上水珠，观察水珠受热变化来判断熨斗的温度。

（三）熨烫法

把已加温熨斗在棉布某处停留1～2秒，然后拿走熨斗，迅速用手触摸被烫棉布位置，进而判断熨斗的温度。

（四）试烫法

把经过测定温度的熨斗，先在衣物不明显地方进行试烫，观察衣物烫后的状况，以判断熨斗温度是否是衣物所需温度。

相关知识：

衣物熨衣标识

熨烫衣服前，请一定要检查所熨衣物上是否有熨衣指示，如下表所示。在任何情况下，均请遵循熨衣指示。

标志符号	说 明	标志符号	说 明
••• 高	可使用高温熨斗熨烫（三点表示熨斗温度可高至200℃）	•• 中	可用中温熨斗熨烫（两点表示熨斗温度可热到150℃）

续表

标志符号	说明	标志符号	说明
低	应使用低温熨斗熨烫（一点表示熨斗温度在100℃左右）		可用熨斗熨烫，但须垫烫布
	可用蒸汽熨斗熨烫		切勿用熨斗熨烫

三、熨烫基本方法

（一）推烫

推烫是运用熨斗推动压力对衣物熨烫的一种方法。当被熨烫织物面积比较大且是轻微褶皱，并可以平展此部位时，就可运用此法。

（二）注烫

注烫是利用熨斗尖部位置对衣物上某些小范围熨烫的方法。在操作时，提起熨斗后部，用熨斗尖部位置熨烫衣物纽扣和某些饰物周边。

（三）托烫

托烫是对某些衣物不规则的部位，在熨烫时不能放在熨台上熨烫，而必须用在“棉枕头”上托着进行熨烫的方法。如肩部、领部、胸部、袖子及一些裙子折边应运用托烫。

（四）侧烫

侧烫是对衣物上的筋、缝等部位，在熨烫时，为不影响衣物其他部位，而用熨斗侧面进行熨烫的一种方法。

（五）焖烫

运用熨斗重点压力或加重压力，缓慢对织物进行熨烫，使之平服，挺括，这种方法称为焖烫。焖烫部位主要是衣物领子和袖子。

相关知识：

熨斗使用与保养要领

1.使用要领

（1）初次使用蒸气熨斗时，请注入自来水。再次注入时仍可用自来水。不过，如水质太硬（硬度高于17度DH），可使用蒸馏水或纯净水。

注水前，请先拔掉插头，将蒸汽旋钮转至“无蒸汽”的位置。将熨斗竖起，然后在注水孔内注入约140毫升的水。刚通电时，不要马上按喷水按钮或蒸汽按钮，以防漏水。

（2）请不要自行修理。

（3）接触面避免接触硬物。

（4）电线不要绕在高温的接触面上。

（5）使用后尚有余温，谨防小孩碰触。

（6）不要同时将熨斗与其他电器用于同一个插座上。

（7）必须检查电线，以免发生电线走火。

（8）避免倾斜或摇动。

2.保养要领

（1）清洁。使用后，为防止熨斗内部腐蚀，应注意以下事项：

√蒸汽旋钮转至干熨位置，温度旋钮转至低温，拔出插头。

√将水箱中剩余的水倒出。

√冷却之后，必须再将温度旋转至蒸汽区的位置，插上插头干燥5分钟。

（2）保养。拔下插头，等熨斗冷却后再行清理：

√用柔软布擦拭。

√不可使用强酸或强碱，以免伤到本体或产生变色现象。

√蒸汽喷孔要用牙签剔除水垢。

四、熨烫衣物分类

先将衣物按熨衣温度分类，毛料衣物与棉料衣物则要分开熨烫。

(1) 熨斗加热的速度比冷却速度快，因此，先由最低温度的衣物熨起，如人造纤维衣料。

(2) 含混纺的衣料，应选择质料中最低的温度熨烫。

(3) 如不知衣物是由何种质料组成，先找一处隐秘的地方试熨，以确定合适的温度。

(4) 纯毛料（100%羊毛）可用蒸汽熨平。应将蒸汽钮转至最高的位置且用一块干的熨布垫着熨衣。

(5) 绒织品或其他发亮的纺织品应以同一方向（顺毛方向）轻熨。熨衣时需常移动熨斗。

(6) 人造纤维衣物及丝制品熨内面，以防发亮的情形产生。不要喷水以避免污垢堆积。

五、不同衣物熨烫程序

（一）衬衫熨烫程序

(1) 熨衣领。先熨领后，再熨领前，然后将担干一字形铺开（或将两边担干分开入板）熨好。

(2) 再熨鸡英（衣服的袖口部分）内面、外面，然后熨后袖、前袖，熨好一只袖再熨另一只。

(3) 先熨纽及纽门的内面，然后顺一方向将前后幅熨好。

(4) 折叠时，先把领翻好，扣好颈喉纽扣，然后隔粒扣好。

(5) 将衬衫反转，铺在熨板上，将两边衫身折上，再将两只袖折上。

(6) 如衫身太长，可先将衫脚覆上约6厘米，然后再覆上折好。

（二）西裤熨烫程序

(1) 将西裤反转，底幅在外，裤头套入熨板内，先熨好拉链部分，然后熨裤头、裤袋。

(2) 将西裤两侧叠好，放在熨板上，熨好裤脚，开好裤骨。

(3) 再将西裤反转熨裤面，裤头套入熨板内，先熨好拉链部分，然后顺一方向熨，熨到袋位时，要将袋底布掀起，避免熨出袋印。

（4）将西裤两侧叠好，对齐裤骨，熨好内外侧裤脚。前裤骨要连前折，后裤骨熨到裆位。

（5）熨好后，将西裤按三节折好。

（三）西装外套熨烫程序

（1）将西装外套反转，先熨底幅两袖里布，逐只完成，然后顺一方向熨好衣身里布。

（2）再将西装外套翻转，面幅铺在熨板上，先熨领后、再熨领前，利用熨板圆位或熨垫熨好肩膀位及袖位。

（3）顺一方向将前后幅熨好，熨至袋位部分应允拉出袋布再熨。

（4）完成后再检查是否有未妥善之处。

（四）领带熨烫程序

（1）熨烫时，熨斗温度以70℃为佳。毛料领带应喷水，垫白布熨烫，丝绸领带可以明熨，熨烫速度要快，以防止出现极光和黄斑。

（2）熨领带时，要先按照式样，用厚一点的纸剪一块衬板，插进领带正反面之间，然后用温熨斗熨。这样不会使领带反面开缝痕迹显现到正面，影响正面平整美观。

（3）若领带有轻微褶皱，可将其紧紧地卷在干净酒瓶上，隔一天皱纹即可消失。

（五）衣服花边熨烫程序

（1）在熨前先浆好，再用熨斗尖部来熨，注意温度不可太热。用合成纤维布料制作的花边，尤怕熨斗过热。

（2）不同类型花边熨烫是不一样的，薄花边一定要从反面熨，透花刺绣从反面熨要铺上水布；麻及棉织品花边从反面熨后应再从正面熨一次，以保持衣料原有光泽。

（3）在熨带有凸花纹毛衣等编织衣物时，必须先垫上软物，铺上水布再熨。操作时要顺纹熨，不可用力压。

（4）熨尼龙和人造丝织品时要特别小心，不可温度过高，否则会使织物染色，尤其是灰、蓝色的制品，会遭到破坏，出现点点白斑。

第五节　衣物保管收存

一、衣物保管收存基本要求

衣物保管收存的基本要求如下：

（1）更换下来的各类衣物一定要洗涤干净再收存。

（2）潮湿衣物要晾干以后再收存。晾晒后的衣物一定要通风晾透后再收存。

（3）内衣、内裤要和其他服装分开存放，有条件的最好按不同质料的服装分类存放。

（4）服装不能长期越季保管、收存，要经常通风晾晒，并检查有无污染、虫蛀、受潮和发霉等现象。

二、不同衣物保管方法

（一）丝绸衣物

丝绸织品易发霉、生虫、变色，收存时要按以下要求进行：

（1）首先要清洗干净，在通风处晾干，最好熨烫一遍。

（2）收存在衣箱内，衣箱要保持清洁干燥。

（3）这类衣物怕压，可放在其他衣物上层或用衣架在衣柜内挂起，最好适当放些防虫药剂（用白纸包好）。

（二）棉质衣物

棉质衣物很容易受热生霉，因此收存时要注意：

（1）收存前必须拆洗干净，充分干燥后，折叠整齐，存入严密的衣箱或衣柜内。

（2）如有羊绒或丝棉的棉质衣物，收存时每件衣物内放5粒左右卫生球。

（3）如果居室是平房或楼房底层，衣柜应离开地面15～30厘米。

（4）收存期间每隔1～2个月应检查一次，发现受潮应及时晾晒。

（三）羽绒制品

（1）收存羽绒服前必须洗净、晾干，回凉至室温后折叠整齐存入衣箱或衣柜内。

（2）在衣物内放3～5粒用白纸包好的卫生球。

（四）毛皮制品

毛皮服装最怕潮湿、高温，又易生虫，在收存时要提前做好准备，不要到高温梅雨季节才动手。北方地区在4月底做好收存工作。具体做法是：

（1）先在通风、凉爽的地方将衣服晾干，然后用光滑棍子敲打皮面，以除去灰尘。

（2）再将皮面放平把毛理顺，折叠好，用布包好后装入塑料袋内。

（3）包装时在毛面处放10粒左右卫生球，最后装入严密的衣箱内或衣柜内。

（4）皮革衣物折叠时间长了，会产生皱痕，收存时用一个布袋套在皮革衣物上，然后用衣架挂在衣柜里，就不会产生皱痕。

三、预防毛织品生虫

呢子大衣、毛料服装、毛料裤、毛围巾、毛毯等，大部分是以羊毛为原料制成的。羊毛是蛀虫的最好养料，如果保管不善，极易招致虫蛀。预防生虫的具体做法为：

（1）换下来的毛料衣物不要随意堆放，应及时清除油污、尘土，集中存放在衣箱或衣柜内。

（2）衣箱（衣柜）四周要放入防虫药剂，毛衣、毛毯等叠放的衣物，可在中间加放防虫剂。

（3）防虫工作要在每年3～4月进行，防虫药剂要用白纸包裹，不要直接接触衣物和有机玻璃纽扣。樟脑丸是常用的衣物防虫药剂，使用时，一定要用白纸包好才可放到衣物中间。

（4）在收存期间应每1～2个月检查一次衣物情况。

四、床上用品保管

需要采取的保管措施包括：

（1）用过的被褥必须拆洗干净，晾干，回凉至室温，折叠平整，然后装入严密的箱或柜内。

（2）干净的被褥要选择晴朗天气，晾晒回凉后存放入衣箱内。

（3）羽绒被褥收存时，除洗涤干燥外，每床放入用白纸包好的卫生球5～10粒。

五、不同季节衣物保管

（一）春季

春季天气暖，灰尘多，穿过的衣物要先拍去灰尘，洗净后挂于通风处晾干。要用衣套或塑料套套住衣物，以免沾染灰尘。

（二）夏季

夏季天气炎热，出汗多，衣物要勤洗勤晒。对要收存的夏衣只要洗净、晒干、熨好即可，不必做特殊处理。收存时，装入塑料袋中保存，可防潮气。

1. 纯棉衣物

新衣物收藏前，要用清水洗去浮色和浆料，以防布料发脆和虫蛀。夏季纯棉衣物收藏前要清洗晾干，稍加熨烫。经过潮湿天气后要及时取出，在阳光下晾晒，但不可浆洗，否则易霉变和被虫蛀。

2. 麻质衣物

麻质衣物洗涤干净，熨烫后，整理叠平，按深浅颜色分开存放。针织品或带有金属物如拉链、金属扣等的衣物，最好用塑料袋或白纸包好。

3. 化纤衣物

化纤衣物洗后要熨烫、叠好平放，不宜长时间吊挂在衣柜里，以免衣物悬垂而变形。收存化纤与天然纤维混纺的衣物或人造纤维衣物时，可将少量樟脑丸用干净纸包好后置于衣柜内。

4. 纯白衣物

纯白衣物如沾染上污渍，尤以油渍较难发现，油渍一旦变黄，很难处理。一般可在光线明亮处检查后，用洗洁精即可清除。但衣物上不能残留洗衣粉，要将洗衣粉冲洗干净。

特别提示

无论挂起还是折起收存衣物都要套上塑料袋，塑料袋以深色为宜，因为白色衣物容易沾染木制衣柜颜色。不要在口袋中放入樟脑丸，以免涂染布料，樟脑丸放在衣柜内角落里即可。

5. 分类收存

一些衣物怕潮湿，因而收存时要按照纤维的性质分层存放。棉质、合成纤维衣物较不怕潮湿，可放在衣柜的下层，毛织物放在中层，绢织品则必须放在顶层。

（三）秋季

秋季湿气重，衣服最易发霉受损。

（1）为了防止衣服发霉，可在衣橱底部铺上报纸，并在橱门内侧也贴上报纸。因为报纸能吸收湿气，达到防霉效果，报纸上油墨味也能驱虫。

特别提示

别把衣物直接放在报纸上，以免弄脏。也可在衣柜、箱子里散放一些小块香皂或用纱布袋裹好的干茶叶，可以去除霉味。

（2）如果有时间，可用电熨斗熨一下，以减少衣物上的水分。衣物之间悬挂要有一定间隔，以保持通风良好。如果衣物有霉味，可将衣服放在加有少量醋和鲜奶的水中洗一遍，便能除去。如果收存的衣服或床单出现黄斑时，可在局部涂些鲜奶，放在太阳下晒几个小时，再用灭活霉菌洗衣粉洗一遍即可。

（3）棉质衣服出现霉斑时，可用几根绿豆芽，在有霉斑的地方反复揉搓，然后用清水漂洗干净，霉点就会除掉。

（4）丝绸衣服上有霉点时，先将丝绸泡在水中用刷子刷洗。如果霉点较多、很重，可以在有霉点的地方涂5%的酒精溶液，反复擦洗几遍，便能很快除去霉斑。

（5）皮革衣服上有霉斑时，可先用毛巾蘸些肥皂水反复擦拭，去掉污垢后，立即用清水漂洗，然后晾干，再涂上一些夹克油。

（6）化纤衣服上有霉斑时，可用刷子蘸一些浓肥皂水刷洗，再用温水冲洗一遍即可。

（四）冬季

冬季衣物厚且多，冬日又少太阳，因此，应选择放晴之日将衣物洗晒后，再加以收存。如果住在平房且很潮湿，衣物很容易发霉，可将生石灰用布包好，放入衣柜用以防潮。

本章习题：

1. 简述不同污渍的处理方法。
2. 衣物晾晒有哪些技巧？
3. 测定熨斗表面温度的方法有哪几种？
4. 熨烫的基本方法有哪几种？
5. 洗衣前应做好哪些准备工作？
6. 简述洗衣机洗衣的程序。
7. 衣物干洗时，应注意哪些事项？
8. 简述衬衫熨烫程序。
9. 简述衣服花边熨烫程序。
10. 衣物保管收存有哪些基本要求？

第七章

茶艺操作技能

本章学习目标：

1.了解茶叶的主要成分。

2.掌握泡茶器皿的摆放标准。

3.掌握不同季节茶叶的选择方法。

4.熟知日常泡茶的误区。

5.掌握倒茶的讲究。

6.掌握各种茶叶的冲泡方法。

第一节　饮茶与健康

一、了解茶叶主要成分

作为家艺师，要想做好茶艺的服务工作，首先必须对茶叶的主要成分要有所了解。

（一）茶多酚

茶多酚是茶叶中的一种主要化学成分，是茶叶的特征性物质。茶多酚是茶叶中三十多种酚类物质的总称，味苦涩，又可以称为茶单宁、茶鞣质，属于多酚类物质。

南方茶叶、夏天茶叶、嫩茶、绿茶中茶多酚含量最高。在红茶加工过程中，茶单宁发生酶促氧化，生成茶黄素、茶红素等物质。

（二）氨基酸

茶叶中的氨基酸含量一般占茶叶干物质的1%～4%。茶叶中氨基酸极易溶于水，且具有鲜甜味，类似味精的鲜爽味。其中，茶叶中的茶氨酸是茶树的特有氨基酸，在一般植物中很少见，也是茶树中的特征性物质。

（三）生物碱

生物碱是一类含嘌呤环的嘌呤衍生物，茶叶中的生物碱主要是咖啡碱。茶叶中咖啡碱的含量为2%～5%。当茶叶冲泡后，约有80%的咖啡碱能溶解于沸水中。

咖啡碱味微苦，如果每日饮5～6杯茶，则咖啡碱的摄取量约为0.3克。由于咖啡碱对人具有兴奋和利尿作用，因此茶叶是一种良好的兴奋剂和利尿剂。

（四）维生素

茶叶中含有多种维生素，主要有维生素C，维生素C的含量为1%～2%。此外，茶叶中还含有维生素B_1、维生素B_2、叶酸、烟酸、维生素E等，都是人体不可

缺少的营养物质。维生素与咖啡碱、茶多酚协同产生的药理作用，可以比单纯的成分发挥更多的作用。

（五）氟化物

一般食物中含氟量很少，但茶叶中却含有较丰富的氟，氟含量一般为0.002%～0.025%。茶叶中氟化物有40%～80%溶解于水。氟化物可以让牙齿珐琅质更加坚硬，不长虫牙。

（六）糖类物质

茶叶中的糖类物质包括纤维素、半纤维素、葡萄糖、果糖、半乳糖等。

二、不同季节茶叶的选择

为了取得更佳的保健效果，春、夏、秋、冬四季饮茶，要根据茶叶性能功效，随季节变化选择不同品种。

（一）春季花茶

春天宜喝茉莉、桂花等花茶。花茶性温，饮花茶可以散发冬季积郁于人体内的寒气，促进人体阳气生发。花茶令人精神振奋，消除春困，提高人体机能效率。

（二）夏季绿茶

夏天宜饮龙井、毛峰、碧螺春等绿茶。绿茶味略苦性寒，具有消热、消暑、解毒、去火、降燥、止渴、生津、强心提神的功能。绿茶中富含维生素、氨基酸、矿物质等营养成分，既可消暑解热，又可增添营养。

特别提示

有不少人把绿茶和枸杞放在一起冲泡，但是绿茶里所含大量鞣酸具有收敛吸附作用，会吸附枸杞中来的微量元素，生成人体难以吸收的物质。因此，绿茶和枸杞不可同饮。

（三）秋季青茶

秋天天气干燥，宜喝乌龙、铁观音等青茶。青茶介于红、绿茶之间，不寒不热，适合秋天气候，常饮能润肤、益肺、生津、润喉，有效清除体内余热，恢复津液。

（四）冬季红茶

冬天对能量与营养要求较高，宜喝祁红、滇红等红茶和普洱、六堡等黑茶。冬季饮红茶，可以增强人体对冬季气候的适应能力。此外，冬季人们食欲增进，进食油腻食品增多，饮用红茶还可去油腻、开胃、助养生，使人体更好地顺应自然环境的变化。

相关知识：

十款减肥茶推荐

第一款：乌龙茶

原料：乌龙茶。

做法：用开水冲。

功效：助消化、去痰、解酒、消脂。

第二款：薏仁茶

原料：薏仁10克、鲜荷叶５克、山楂５克。

做法：热水煮开。

功效：清热、利湿、治疗水肿。

第三款：荷叶茶

原料：荷叶3克、决明子6克、玫瑰花3朵。

做法：开水冲泡。

功效：清暑利湿、治水气浮肿、清肠。

第四款：决明子茶

原料：决明子茶。

做法：热水冲泡。

功效：清肝明目、利水通便。

第五款：大麦芽茶

原料：炒麦芽５钱、山楂５分。

做法：加冰糖水冲饮。

功效：开胃健脾、和中下气、消食除胀。

第六款：柠檬茶

原料：柠檬切片。

做法：榨出柠檬汁，用温水冲调，加入适量蜂蜜。

功效：消脂肪、助消化、美白肌肤、滋润肺腑。

第七款：普洱茶

原料：普洱茶叶、干菊花５朵。

做法：热水冲泡。

功效：帮助消化、消除油脂。

第八款：玫瑰花茶

原料：玫瑰花５克。

做法：温开水冲泡。

功效：活血散淤、治肝胃气痛。

第九款：菊花茶

原料：几朵干菊花。

做法：直接以热水冲泡。

功效：清暑、退热解毒、消脂肪、降血压。

第十款：山楂茶

原料：山楂10克。

做法：用水煎煮。

功效：消除油脂，帮助排泄体内废物，散淤化痰。

第二节　茶叶冲泡方法

一、日常家庭茶具选用

在现代家居环境中，随着人们生活水平的日益提高，人们也越来越讲究室内装饰装潢。一套高雅得体的茶具摆放在客厅中，不但能装点环境、营造氛围、增添生活情趣，还会给来访宾客带来愉悦的气氛。

家庭茶具选择应和家居装饰氛围相协调，才能锦上添花、相得益彰。茶具设置要因情而异、因地制宜。

（一）根据客厅格调选用

（1）在装饰格调为古色古香的客厅中，最好设置一套仿古木鱼石或富有民族特色、民俗情调、地域特色产品的木鱼石茶具，以使客厅更显雅致而庄重。

（2）如果是“现代式”或“西洋式”客厅，宜摆放富有地域特色、收藏价值极高、具有保健功能的茶具，如提梁茶壶，使客厅更显文雅而清丽。

（二）区别来客对象选用

（1）老人可以使用古朴典雅的木鱼石茶具为宜，与老人心理特点相符，让人感到稳重、舒安。

（2）青年人可以用现代色彩的提梁木鱼石茶具、茶杯，并使用“袋泡茶”，以显出迅速、快捷，适应青年人“快节奏”心理。

（3）文人雅士，不要用大壶大杯，而要用小巧玲珑的木鱼石功夫茶具，并慢冲慢酌，以营造幽雅清闲的氛围。

（三）按照不同茶叶类别选用

（1）细嫩名贵绿茶。可用木鱼石杯冲泡，以显示其独特的品质特色。

（2）中高档红绿茶。如眉茶、烘青、功夫红茶和珠茶等，可用木鱼石茶杯直接冲饮。

（3）低档红绿茶。香味及化学成分略低，用壶沏泡，水量较多而集中，有利

于保温，能充分浸出茶叶的茶味，可得到较理想的茶汤，并保持香味。

(4) 各档红碎茶。此类茶体型小，用茶杯冲泡时茶叶悬浮于茶汤中不方便饮用，最好用茶壶泡沏。

(5) 高档花茶。可用口杯冲饮，以显示其品质特色，也可用木鱼石盖碗或带盖的杯冲泡，以防止香气散失。

(6) 普通低档花茶。可用木鱼石小手壶冲泡，以便茶汤更加理想，保持香味。

二、泡茶器皿摆放标准

一般桌面摆放为，左边：盖碗、茶海、茶巾、过滤网、茶道；右边：随手泡（45° 斜放）、水洗。泡茶器皿摆放标准，见表7-1。

表7-1　泡茶器皿摆放标准

序号	泡茶器皿名称	摆放标准	备注
1	茶盘	用来置放茶具，一般放在茶桌中央	
2	盖碗	放在茶盘中央偏右的位置，茶海右侧	
3	茶海	用来盛装茶汤并控制茶汤浓淡度，以及让茶末沉淀，放在茶盘中央偏左位置	
4	网架	置放茶滤架子，一般放在茶盘左上角	
5	过滤网	过滤茶渣，使茶汤清新洁净，一般置于网架上	不能随意放在茶盘上
6	茶洗	用来装杯子的，一般置于茶桌右上角，用来盛装客人用过的杯子	茶洗中的水要保持干净且水要漫过杯子
7	消毒锅	用来给杯子消毒的（杯子放入消毒锅之前，必须要清洗干净），一般摆放在茶桌右侧（可根据实际情况调整），每次泡茶时都必须要从消毒锅中拿干净的品茗杯，并把品茗杯放在茶海和盖碗前方	

续表

序号	泡茶器皿名称	摆放标准	备注
8	茶巾	用来擦拭茶器或壶底的脏水，一般叠成长方形放在茶盘外侧的右下方（也可将茶巾叠成长方形放在茶盘内侧）	
9	茶道	一般放在茶盘左侧（可根据实际情况调整），茶道中的器皿要摆放正确	
10	茶夹	用来夹杯、洗杯，切不可夹散落在茶盘上的茶渣。摆放位置要正确，一般茶夹要头朝下反放在茶盘右侧距茶盘边缘10～15厘米处，茶夹头部距茶盘约6厘米	

三、绿茶冲泡

冲泡绿茶茶具，以小巧、精致为上，使其与名茶名贵相匹配，并以洁净、透明度高为好。目前，选用较多的是透明度好的无花直筒玻璃杯，使茶冲泡变成了一个具有观赏性的动态过程。冲泡水温一定要适宜，通常要求将沸水先注入水壶内，待水温降至80℃左右时，再行冲泡，这样才能取得较好的效果。

（1）备具。除茶样罐、开水壶、品茶杯外，还须有茶巾、赏茶盘、茶荷、茶匙等，茶具搭配，应错落有致，大小相称，色泽相配。

（2）温具洗杯。用开水温茶具，使茶具均匀受热。

（3）赏茶。开启茶样罐，端于客人前，双手奉上，稍欠身，供客人观赏闻香。

（4）置茶。将原先倒置的茶杯翻转，使其口沿向上，一字摆开。然后将茶罐打开，用茶匙将所需茶叶拨入茶荷，并将茶叶一一拨入茶杯中待泡。

（5）浸润泡。向杯中倒入适当温度开水，用水量为杯容量的1/4～1/5。放下水壶，提杯向逆时针方向转动数圈，使茶叶浸润，吸水膨胀，便于内含物质浸出。时间掌握在1分钟以内。

（6）冲泡。提壶冲水入杯，通常用“凤凰三点头”法冲泡，使茶杯中茶叶上下翻滚，从而使茶汤浓度上下一致。一般冲水入杯至茶杯总容量的七成满为止，这种冲泡方法叫中投法。

特别提示

对一些绿茶，诸如蒙顶甘露、庐山云雾等可采用上投法冲泡。即杯中先冲上七分满的水，再取茶投入，茶叶就会徐徐下沉，逐渐舒展。

(7) 奉茶。面带微笑，双手欠身奉茶。茶杯摆放位置，以方便客人取饮为原则。茶放好后，应用手掌向客人示意，说声“请品茶！”。

四、红茶冲泡

红茶不仅色艳味醇，而且收敛性差，茶性温和。因此，适宜配制牛奶红茶、柠檬红茶等。这样，使得红茶饮用方法更加多样。

（一）清饮法

条茶类型的工夫红茶，诸如祁门红茶、九曲红梅、正山工夫、政和工夫、云南工夫，以及袋泡红茶等，具有香高、色艳、味醇的特点。一般多采用白瓷杯冲泡。

(1) 首先洁净茶具，然后置茶，接着用90℃左右的水，提壶用回转法冲泡茶叶至湿润，使之吸水膨胀。

(2) 半分钟后，用“凤凰三点头”法继续加开水至七分杯满。

（二）调饮法

与清饮法类似，分茶后可根据客人的需要加奶、加糖。

五、乌龙茶冲泡

乌龙茶因其冲泡颇费工夫，又称工夫茶。目前，最具代表性的乌龙茶冲泡的地区有福建、广东潮汕和台湾三个地区。

（一）福建冲泡法

(1) 洗杯。用开水洗净茶杯、茶瓯。洗杯时最好用茶夹子，不要用手直接接触茶具，并做到里外皆洗。这样做可以清洁茶具，还可温具，以提高茶冲泡水温。

（2）置茶。用茶匙摄取茶叶，投入量根据客人要求。

（3）洗茶。

（4）冲茶。当开水初沸时提起水壶，将开水以较高位置，按一定方向冲入茶瓯，使瓯中的茶叶按一定方向转动，直至开水刚开始溢出茶瓯时为止。倒茶大约在茶冲泡1分钟后，用拇指、中指挟住茶瓯口沿，食指抵住瓯盖的钮。在茶瓯口沿与盖之间露出一条水缝，把茶水巡回注入弧形排开的各个茶杯中，使茶汤浓度均匀一致。点茶是在倒茶后，将瓯底最浓的少许茶汤，要一滴一滴地分别点到各个茶杯中，使各个茶杯中的茶汤浓度达到一致。

（5）点茶后，各个茶杯中的茶汤达到七八分满后，则有礼貌地双手奉杯，敬给客人品饮。

（二）潮汕泡法

（1）温具。泡乌龙茶前，要用初沸水淋罐或盏和杯，预热和洁净茶具。随即倒去罐和杯中开水待用。

（2）置茶。先将茶从茶罐中倾于素纸上，再区分粗细。取最粗的填盏底或罐底滴口处，次用细末填于中层，稍粗的茶撒在其上，这样可以使茶汁浸出均匀，又可免于茶汤中有碎茶倾出。

（3）冲点。用铫沿罐口冲入沸水。冲水时，水柱从高处冲入罐内，俗称"高冲"，此时要一气呵成，不可断续。这样可以使热力直透罐底，茶沫上扬，使茶叶散香。

（4）刮沫。冲水满罐后会使茶汤中白色泡沫浮出灌口，随即用拇指和食指抓起罐钮，沿着罐口水平方向刮去泡沫，也可在沸水冲到刚漫过茶叶时，立即在几秒钟内将罐中的水倒掉，此称之为洗茶。可以把茶叶表面尘土洗去，使茶的真味充分发挥出来。随即再向罐内冲沸水至九成满，并加盖保香。

（5）淋罐。加盖后，提铫淋遍罐外壁追热，使内外夹攻，以保罐中有足够的温度。进而，还可清除粘附罐外的茶沫。尤其是冬天冲泡乌龙茶，这一程序更不可少。只有这样，方能使杯中茶叶起香。

（6）烫杯。淋罐后，再用铫中沸水烫杯，并加满沸水，接着滚杯。

（7）斟茶。经淋杯后，约1分钟，即可斟茶。

（三）台湾泡法

乌龙茶的台湾冲泡方法，具体内容见表7–2。

表7–2 乌龙茶的台湾冲泡方法

序号	步骤	操作说明
1	摆具	将茶具一一摆好，茶壶与茶盅并排置于茶盘之上，闻香杯与品茗杯一一对应，并列而立。电茶壶置于左手边
2	赏茶	用茶匙将茶叶轻轻拨入茶荷内，供来宾欣赏
3	温壶	温壶不仅要温茶壶，还要温茶盅。用左手拿起电茶壶，注满茶壶，接着右手拿壶，注入茶盅
4	温杯	将茶盅内的热水分别注入闻香杯中，用茶夹夹住闻香杯，旋转360°后，将闻香杯中的热水倒入品茗杯。同样用茶夹夹住品茗杯，旋转360°后，杯中水倒入涤方或茶盘
5	投茶	将茶荷的圆口对准壶口，用茶匙轻拨茶叶入壶。投茶量为1/2至2/3壶
6	洗茶	左手执电茶壶，将100℃的沸水高冲入壶。盖上壶盖，淋去浮沫，立即将茶汤注入茶盅，分于各闻香杯中。洗茶之水可以用于闻香
7	高冲	执电茶壶高冲沸水入壶，使茶叶在壶中尽量翻腾。第一泡时间为1分钟，1分钟后，将茶汤注入茶盅，分到各闻香杯中
8	奉茶	闻香杯与品茗杯同置于杯托内，双手端起杯托，送至来宾面前，请客人品尝
9	闻香	先闻杯中茶汤之香，然后将茶汤置于品茗杯内，闻杯中的余香
10	品茗	闻香之后可以观色品茗。品茗时分三口进行，从舌尖到舌面再到舌根，不同位置香味也各有细微的差异，需细细品，才能有所体会
11	再次冲泡	第二次冲泡的手法与第一次相同，只是时间要比第一泡增加15秒，以此类推，每冲泡一次，冲泡的时间也要相对增加。优质乌龙茶内质好，如果冲泡手法得当，可以冲泡几十次，每次的色香味能基本相同
12	奉茶	自第二次冲泡起，奉茶可直接将茶分至每位客人面前的闻香杯中，然后重复闻香、观色、品茗、冲泡的过程

六、花茶冲泡

冲泡花茶所用的茶具与绿茶大致相同。一般来说，高、中档花茶多采用盖碗或带盖的瓷杯冲泡；中、低档花茶采用壶泡法冲泡，再分茶汤入杯。现以高、中档花茶为例，将花茶冲泡程序分述如下：

（1）备具。无论是采用盖碗泡法，还是采用白瓷杯冲泡法，都必须有盖，这样可以防止香气散失。

（2）闻香。用茶匙在茶罐中取少量样茶，放于方块素纸上，供客人闻香、观形，以引起客人的兴趣。

（3）置茶。按1克茶加50毫升开水的比例，在每个碗或杯中放上2～3克茶。

（4）冲泡。用90℃开水，用回转法按逆时针方向向盖碗或杯中冲入开水少许，紧接着用“凤凰三点头”法冲水至盖碗敞口下限或七分满杯为止，随即加上壶盖。静置3分钟左右，就可开始品尝。

七、日常泡茶误区

（一）用保温杯泡茶

沏茶宜用陶瓷壶、杯，不宜用保温杯。因为用保温杯泡茶叶，茶水较长时间保持高温，茶叶中一部分芳香会逸出，使香味减少。浸出的鞣酸和茶碱过多，有苦涩味，由此也损失了茶叶的部分营养成分。

（二）用沸水泡茶

用沸水泡茶，会破坏茶的很多营养物质，如维生素C、维生素P等。在水温超过80℃时就会被破坏，还易溶出过多鞣酸等物质，使茶带有苦涩味。因此，泡茶水温一般应掌握在70～80℃。尤其是绿茶，如温度太高，茶叶泡熟，变成了红茶，便失去绿茶原有清香、爽凉味。

（三）泡茶时间过长

茶叶浸泡4～6分钟后饮用最佳。因此时80%的咖啡因和60%其他可溶性物质已经浸泡出来。时间太长，茶水就会有苦涩味。放在开水瓶或炉灶上长时间煮茶水，易发生化学变化，此时不宜再饮用。

（四）扔掉泡过的茶叶

大多数人泡过茶后，把用过的茶叶扔掉。实际上这是不经济的，应当把茶叶咀嚼后咽下去，因为茶叶中含有较多胡的萝卜素、粗纤维和其他营养物质。

（五）习惯于泡浓茶

泡一杯浓度适中的茶水，一般需要10克左右的茶叶。有的人喜欢泡浓茶。茶水太浓，会浸出过多的咖啡因和鞣酸，对胃肠刺激性太大。泡一杯茶以后可续水再泡3～4杯。

八、倒茶有讲究

（一）茶具要清洁

（1）当客人进屋后，先让坐，后备茶。

（2）冲茶之前，一定要把茶具洗干净，尤其是久置未用的茶具，难免会沾上灰尘、污垢，要细心地用清水洗刷一遍。

（3）在冲茶、倒茶之前，最好用开水烫一下茶壶、茶杯，这样既讲究卫生，又显得彬彬有礼。

（二）茶水适量

（1）茶叶要适当。茶叶过多，茶味过浓；茶叶太少，冲出茶会没味道。

（2）假如客人主动介绍自己喜欢喝浓茶或淡茶的习惯，就要按照客人的口味把茶冲好。

（3）无论是大杯还是小杯，都不宜倒得太满，太满容易溢出，把桌子、凳子、地板弄湿。

（4）茶水不宜倒得太少，不能茶水只遮过杯底就端给客人，这样是很不礼貌的。

（三）端茶得法

双手端茶要注意，对有杯耳的茶杯，通常是用一只手抓住杯耳，另一只手托住杯底，把茶端给客人；没有杯耳的茶杯倒满茶之后周身滚烫，双手不好接近，此时不要用五指捏住杯口边缘就往客人面前送。

本章习题：

1. 茶叶中含有哪些成分？
2. 简述泡茶器皿的摆放标准。
3. 简述绿茶的冲泡方法。
4. 简述红茶的冲泡方法。
5. 简述乌龙茶的冲泡方法。
6. 日常泡茶有哪些误区？
7. 倒茶有何讲究？
8. 如何冲泡花茶？

第八章

宠物喂养照料技能

本章学习目标：

1. 了解给宠物狗洗澡的步骤。
2. 学会管教宠物狗。
3. 熟知宠物猫饲料的种类。
4. 掌握消除家中猫臭的方法。
5. 了解龟的生活习性。
6. 掌握观赏鱼水质的选择方法。

第一节　宠物狗喂养照料

一、宠物狗洗澡

宠物狗皮脂腺的分泌物有一种难闻的气味，如果在皮肤和毛上积聚过多，再加上外界沾到身上的污秽物以及排泄后留下的一些粪尿，会使毛缠结并发出阵阵臭味。

在一些炎热潮湿的地区如果不给宠物狗洗澡，更容易招致病原微生物和寄生虫的侵袭。因此，给宠物狗洗澡除了可以保持其皮肤清洁卫生，更有利于健康。

（一）洗澡周期

有人认为宠物狗自己能用舌头舔干净毛，所以不必洗澡，有的人怕宠物狗脏就经常给宠物狗洗澡，其实这两种做法都不正确。

因为，狗的皮肤不像人类那样容易出汗，所以不需要经常洗澡。洗澡次数一般根据狗的品种清洁程度及天气情况而定。通常室内养宠物狗每月洗1～2次澡即可。南方地区由于气温潮湿可以每10天左右洗一次。不同季节洗澡次数也不一样的。

（二）洗澡步骤

洗澡前应让狗散步，让其排出尿和粪便，然后再按顺序进行洗澡。给宠物狗洗澡步骤为：

（1）仔细梳毛，择除毛球、毛结，拣走附在宠物狗身上的脏东西。为了保护耳朵不进水导致中耳炎，可在宠物狗的耳洞里塞上棉棒。眼睛也可涂上眼药膏，防止进水和感染。

（2）在洗澡盆里加入70%的温水（35℃左右），让宠物狗站在里面，从尾巴开始向上浇水，将其全身淋遍。

（3）在背部洒适量浴液，轻轻揉搓到产生大量泡沫，再从背部开始向下洗其他部分。注意耳朵、脚底、脖子、肛门附近都要洗到。洗完后用水冲掉泡沫，如

果太脏就再洒浴液，重洗一遍。

（4）在洗澡盆里注入干净的温水，仔细清洗掉宠物狗身上的全部泡沫。

（5）将宠物狗抱到地上，任由它自己甩掉身上的水，再用大毛巾将其擦干净。

（6）用吹风机配合梳子，把宠物狗毛吹干。夏天时可以由它自己干燥，短毛宠物狗不必吹风，但也一定要擦干。

（7）取出塞耳朵的棉棒，把耳朵里面擦干净。

特别提示

夏天给宠物狗洗澡时和洗完澡后都不要开空调，以免引起感冒。

（三）洗澡注意事项

（1）洗澡前一定要先梳理被毛，这样可以把缠结在一起的毛梳开，防止被毛缠结得更加严重。尤其是宠物狗最不愿意人梳理的部位更要梳理干净。梳理时为了减少和避免宠物狗的疼痛感觉，可一手握住毛的根部，另一只手进行梳理。

（2）洗澡水温度不宜过高或过低，一般春夏两季在36℃为宜，秋冬两季在37℃左右为宜。

（3）洗澡时一定要防止浴液流到宠物狗的眼睛和耳朵里。

（4）冲水时要彻底，不要让浴液泡沫滞留在宠物狗身上，以防刺激皮肤而引起皮肤炎。

（5）洗澡最好在上午或中午进行，不要在空气湿度大的天气或阴雨天给宠物狗洗澡。

（6）洗完澡之后应立即用毛巾将宠物狗身上的水珠擦干，然后用吹风机进行烘干。不要将洗澡后的宠物狗直接放在太阳下晒干。

（7）尽量使用宠物专用浴液，因为宠物狗皮肤的pH值与人类皮肤的pH值不同。人类通用的洗发液或者浴液都不适用于宠物狗的皮肤。

特别提示

当宠物狗的眼睛、耳朵、皮肤等处长东西或者发烧食欲不佳时，应尽量避免给它洗澡。两三个月以内的小狗以及经期怀孕或产后不足2个月的母狗，要等身体条件允许时再洗澡。如果一定要洗，可以采用“干洗”。

二、宠物狗日常饮食

小狗出生12个月内每天喂食2～3次。小狗长到6个月大之前一定要少食多餐。刚开始不要直接给它喂干燥食品，要用开水或凉水将食物泡软后再喂食。

特别提示

喂食次数：出生后6个月内每日喂食3～4次；12月内每日喂食2～3次；成犬每日喂食1～2次；8岁以上的老龄犬每日喂食3～4次。

不要给狗喂过多零食和一些不适合狗吃的食物。

（1）鱼骨、肉骨。因为狗可能嚼不烂就咽到肚里，会造成呕吐，腹泻或便秘。鱼骨和鸡蛋壳还可能会卡在狗的喉咙里。

（2）香辣的、刺激性强的、气味浓重的食物对狗不好。

（3）牛奶营养价值虽高，但狗不易消化吸收，可能会引起腹泻，要小心喂食。

（4）年糕、紫菜可能堵住狗的喉咙或粘在喉管上引起窒息。

（5）洋葱、葱对狗来说是有毒的东西。因此，像汉堡包、酱汤、咖喱等加了洋葱或葱的食物不能给狗吃。

（6）面包含盐分过多，虽然合人口味，但对狗来说盐分却有些过量。

（7）冰淇淋．蛋糕，这些食物可能会引起宠物狗肥胖或腹泻。

三、宠物狗管教方法

（一）小狗管教

小狗的管教要尽量在早期进行，最好的管教期为小狗出生后的2～3个月。渐渐开始适应于新环境实施管教最为理想，但只有排便习惯即必须在小狗到家当天就开始教导。

（二）明确斥责与称赞

做了不可以做的事时，一定要立即趁机斥责，若是过了一段时间后，宠物狗根本就不知道被斥责原因，反而会变得畏缩。称赞时必须随即给予夸奖，并以9∶1的比例来多给奖时，宠物狗也会卖力做出更多有益的事。

（三）排便训练

狗最喜欢居住的场所干净，所以排便一定会找别地方。一旦排便后，将会把该地点当作厕所，所以排便习惯要带回家当天就要开始教导。

1. 训练要领

宠物狗在刚醒来时或用餐后、喝水后、玩耍后便意最多，必须时时观察其动静。

(1) 如发现有排便迹象时，立即将其带到厕所并说“尿尿”，如过程顺利则称赞“好，好”。

(2) 如果在他处排便时，必须当场斥责说“不可以”“不行”。

2. 舒适便器

便器，也可以利用厨房平盘来取，并在里面铺上塑料纸，然后再在其上面重叠若干张报纸，每次排便后拿掉即可。

特别提示

一定要遗留部分沾有臭味的报纸，如此一来宠物狗则容易养成固定场所排便的习惯。

以浴室来代替厕所，并只将固定大便去除，而排尿部分则用水冲洗亦可，然后再用消毒剂消毒，以维持良好卫生环境。

3. 划地设限

宠物狗到处抬起一只后脚做出撒尿动作，虽是对其他宠物狗表示，这地方是自己的地盘，但有的宠物狗仍会把这种习性带到室内，所以一旦发现这种举动即要严力斥责，让其了解室内地方是属于主人的地盘，而不是宠物狗的领域范围。

相关知识：

认识宠物狗语言

狗最常用来表达意念的方式是身体语言，有些容易理解，有些则含混不明，以下就是几项人类容易理解的身体语言。

1. 吠叫。吠叫不一定表示威吓或是警戒，有些狗向路人吠叫，只是希望有人陪它玩耍了。

2. 摇尾巴不一定代表友善。大多数人多以为狗摇尾巴是表示善意和开心，不过这个不一定。如果狗摇尾巴的方式是将尾巴竖直，急促抖动，其实是在表现内心紧张，下一步很可能就会发动攻击。

3. 伸出舌头的狗最安全。垂着舌头，“哈哈”喘着气的狗显示心情放松，除非是患有狂犬病，否则在正常状况下是不会攻击人的。相反，嘴巴紧闭表示心情紧张，需要特别小心。

4. 皱着鼻头的狗不一定有敌意。狗心情好时，有时也同样会皱着鼻头，有人说这是“狗的笑脸”，并不表示它要发动攻击。狗是不是即将发动攻击，要从眼神和身体的紧张程度来判断。

5. 不要摇醒正在睡觉的狗。若直接动手摇醒睡眠中的狗，狗会反射性的咬你一口，这是任何训练都改不掉的防卫反射动作。

6. 伸出前脚有两种意义，一是代表乞讨东西，二是代表想要支配对方的第一阶段。

四、宠物狗病症看护

（一）呕吐

狗是很容易呕吐的动物，若在呕吐前后并没有异常现象，尤其在呕吐后狗

又吃它自己的呕吐物时，则不要紧。若非如此而一天呕吐数次，呕吐之后会想喝水，喝水后又吐出，如此反复，那就非常严重了。这时，只要给其能够润湿口腔的水量就可以了，不要大量给水，否则反而会使症状恶化。

（二）下痢

下痢是呕吐以外常见的症状，下痢是因肠内物质通过快速或肠黏膜病变、肠黏膜分泌亢进而致。如果狗的下痢不是很严重，食欲不振时，尽量给它所喜欢的食物，但绝对不能给它不易消化的食物。

特别提示

若一天下痢次数很多，最好一天整都不要给它食物，这样病情才易减轻。绝食后将流质食物，如稀饭汤等少量分数次喂食，然后再逐渐给食粥、柔软米饭、普通食物。

（三）食欲不振

狗食欲不振是因生病而引起，原来的疾病未治愈自然不会有食欲。但如果狗不呕吐、恶心，就可用橡皮管强行灌入少量流质食物，或是用手将肉丸塞入其口中，有时这种方法也会使其产生食欲。

相关知识：

提升宠物狗食欲妙招

1.吃饭时间限制10分钟

给宠物狗喂食时，只给其10分钟的吃饭时限。如果超过10分钟一率收走。不要怕宠物狗饿着，否则就要一直担心它不爱吃饭的问题。

2.只准备干饲料

不要随意添加一些食品或是肉，这样会养成宠物狗挑嘴的习惯。宠物狗应有的营养都已充足，就不需要担心。

3. 不吃拉倒

对于年龄不大或者挑食不十分严重的宠物狗，不吃拉倒是最省事最容易见效的好办法。

4. 不要观看

为宠物狗做好食物后，要把饭盆放下，然后转身离开。完全不必在旁边看着它进食。

5. 设定最长吃饭时间

给宠物狗30分钟进餐时间，到时候不管吃没吃完都把剩下食物收走。让其知道不乖乖吃饭的结果就是没饭可吃，就算再挑嘴的宠物狗都会变得听话。

6. 让宠物狗离开餐桌

对于宠物狗来说，能吃到人们餐桌上又香又浓的食物，那可真是享受。如果宠物狗闻到餐桌上的牛排味，还会对它那盆狗粮感兴趣吗？拿人吃的食物来饲喂宠物狗，不仅会让狗养成挑嘴的坏习惯，有时还会生病甚至中毒。

（四）流鼻水、眼屎

宠物狗有的疾病会有流鼻水，尤其是感冒时，此时可用棉棒擦拭，擦拭干净后，为避免鼻头干燥龟裂，可涂抹橄榄油。狗眼角有眼屎时可以用2%的硼酸水以棉花蘸取擦拭，然后再点上无刺激性眼药水。

（五）发高烧

狗发烧是由生病引起，乃是身体与疾病抵抗的表现。发高烧时会使脉搏跳动加速，呼吸频率增加以致呼吸困难。狗发烧时最重要的是保持安静，有时体温上升会使其感到寒冷而发抖（尤其是冬季），这时就要将寝床铺厚，并准备热水袋和暖气器具，同时不使风从犬舍间隙吹入。

（六）咳嗽

狗咳嗽是从气管把分泌物或异物排出的防御反应动作。无痰的为干咳，有痰

的为湿咳，咳嗽多半在进食、运动、叫吠时发生。患有各种呼吸器官疾病及心脏病时易引起咳嗽，咳嗽过分激烈时会将痰与胃内食物吐出，在狗咳嗽时，要让其安静，不再运动。

（七）皮肤病

95%的狗皮肤pH值是6.2～8.6，在弱酸性与碱性之间，因此容易感染细菌而患皮肤病，尤其在夏天，容易遭受外部刺激而发炎，所以夏季容易患皮肤病。

皮肤病难免会痒，狗会搔抓而使病情恶化，同时因为使用外用药，狗会舔一舔而引起中毒，所以注意不要让狗去舔药。此时可用薄皮或厚纸做成圆形防舐颈环，套在颈部，可防止在皮肤病发痒时去咬患部。

特别提示

外用药不仅要涂上，而且还要用手抹匀，让患部吸收。在患部涂上厚厚软膏是不对的。

第二节　宠物猫喂养照料

一、养猫准备事项

（一）猫窝

家庭自制猫窝可用木制箱子、塑料盒或硬纸盒子来制做，但要有足够面积，以猫能伸直腿为好。窝底垫以稻草或纸屑、报纸，上面再铺上废毛巾或旧床单、毯片、椅垫等，使猫窝既保温又舒适。猫窝应放在干燥、僻静、不引人注意的地方，最好能受到阳光照射，不能放在阴冷潮湿处。

（二）猫食具

猫食具主要包括食盘和饮水盆。要求质地坚实，盆底要重，盆的边缘要厚。可以防止当猫站在盘（盆）边缘上吃食或饮水时将食盘或饮水盆蹬翻，一般普通盘子不宜用作食盘或饮水盆。

特别提示

有些猫吃食时，有把食物弄到食盘外面的不良习惯。因此食盘下最好垫上废报纸，以便清扫，保持地面清洁。

（三）猫便盆、猫砂

1. 猫便盆

猫便盆可以用塑料、搪瓷及金属材质器皿，不易生锈和破损，但是不能用木质和保丽龙的，因为木质制品容易受潮发霉，保丽龙易碎，纸盒子也不可以。

2. 猫砂

猫砂可以分为细砂（结团）和粗砂（不结团）两种，其中粗砂，遇水可凝结、可倒进马桶里溶解而冲掉、用过可当盆栽土。另外，要准备一个筛子，随时清掉弄脏了的猫砂。

特别提示

有些猫未必爱用便盆，它们喜欢去浴室排水孔，或是浴盆里，甚至直接上马桶。因此，卫生间的门要随时保持开着。

（四）其他

1. 猫玩具与运动架

小猫非常好奇又好玩，非常喜欢玩具，尤其是像皮球、线球和气球等圆形能滚动的东西，猫玩具可以自行制作。猫喜欢动，不爱静，可在室内挂一些飘动彩带、纸条、布条等。运动架可以用干的树杆，钉些高低平台，或做些高低吊环。

2. 提篮

带小猫出门一定要用提篮，免得半路受惊吓而跑掉。提篮材质可以选择藤编的、塑胶成型的，也可以用旅行袋，只要通风良好、不被脱逃就行。

3．抓杆（抓板）

猫喜欢磨爪子，市面上有现成抓板，也可自己找一块木板，铺上厚布钉在墙角，或是用粗木头固定在木板上，围绕厚布或麻绳。

4．梳子与刷子

不管长毛短毛，猫一年四季都会掉毛，要每天帮它梳梳刷刷。不但可减少掉得到处是猫毛，而且还按摩皮肤。有一种牙缝很密的梳子，可以把跳蚤梳下来，也需要准备。

二、宠物猫饲料种类

（一）动物性饲料

动物性饲料是来源于动物机体的一类饲料，因其含有丰富的蛋白质，所以又称为蛋白质饲料。动物性饲料来源非常广泛，几乎所有畜禽肉、内脏、血粉、骨粉等均可做猫的饲料。

（二）植物性饲料

猫的植物性饲料种类很多，如大米、大豆、玉米、大麦、小麦、土豆、红薯等。有的农作物加工后副产品也可做猫的饲料，如豆饼、花生饼、芝麻饼、葵花籽饼、麦麸和米糠等。

人们所吃的大米饭、面包、馒头、饼干、玉米饼等，猫更爱吃。适当给猫喂些蔬菜和青草，不但有利于猫的消化，而且能补充维生素和矿物质。

（三）矿物质饲料

猫所需要的矿物质包括钠、氯、钙、磷、钾、镁、铁、锰、铜、碘、锌、钴等。它们不仅是动物机体的重要组成部分，还是维持体内酸碱平衡和渗透压的基础物质。

三、宠物猫饲料加工

宠物猫饲料加工是为了增加饲料适口性，也就是迎合猫的口味，让其愿意采食，提高饲料消化率，防止有害物质对猫的伤害，使饲料中的营养成分被猫吸收。

（一）加工方法

各种肉类要煮熟，切成小块或剁成肉末，与其他饲料拌喂。骨头可制成骨粉。各种谷物和麦麸、米糠类要煮熟后喂，否则猫吃后会不易消化。将大米做成米饭，面粉做成馒头、面包，玉米面做成饼或窝窝头供猫食用。

（二）注意事项

（1）肉不能煮得太熟，因为会破坏蛋白质结构和损失大量维生素，煮到半熟即可。

（2）饲喂带骨肉要防止卡住猫的食道或刺伤其胃肠。

（3）用内脏喂猫一定要洗干净，煮熟后切成小块饲喂。

四、宠物猫日常护理

（一）洗澡

要让猫从小就养成洗澡的习惯。因为可以洗掉猫的毛、皮污物，使被毛光洁、漂亮；消除其体外寄生虫，如虱、蚤等；防止某些皮肤病发生。

（1）盆内放入40～50℃的温水，洗澡水以不淹没猫为度，也可用淋浴缓流水冲洗，但要注意别溅起水花，因为这样可能吓着猫。

（2）待猫身上全弄湿后，用洗发精或中性肥皂按从头颈到背、腹、尾、脚顺序轻轻揉搓，使产生泡沫，然后用另一盆清温水或喷淋水彻底冲洗干净。

特别提示

不能让猫淹着，防止水灌进猫耳朵，避免肥皂沫刺激猫眼睛。洗完后迅速用干毛巾将猫身上的水擦干，并用梳子梳理两遍全身被毛，然后将其放在温暖的地方。如果室内温度较低，要用吹风机吹干。待被毛完全干后，再将被毛梳理好。

（二）被毛梳理

家猫一年四季都在生长或脱落被毛，但大量换毛还是在春、秋季节。猫自己

每天都要梳理自己的被毛（用舌舔毛）。舔不到的肩、头和颈部等部位就用前爪进行梳理。正常、健康的短毛猫通过自身梳理，一般不再需要人为梳理。但如果是长毛猫，光靠猫自身梳理还不够，需要主人经常帮它梳理。

梳理被毛可以及时清除脱落表皮和污垢脏物，防止体外寄生虫滋生，可以促进皮下血液循环，加速换毛，起到保健作用。

五、宠物猫调教

幼猫比成猫容易训练，不要错过幼猫成长过程。

（一）叫它的名

宠物猫调教，首先可以采用叫它的名字的办法，主要方法见表8-1。

表8-1　叫猫的名字

序号	方法	操作	备注
1	诱饵法	（1）在吃饭前、拿出饭碗时，要不断呼唤猫的名字 （2）亮出猫最爱吃的零食时，也要立刻喊它的名字	将名字跟美食连结在一起，猫会很快记住
2	时机法	当宠物猫兴奋、高兴时，尽量多叫它的名字。如游戏、抚摸、抓下巴、轻柔梳毛等，在宠物猫感到舒适愉快时，多多呼唤它的名字	增进猫牢记名字效果
3	一条鞭法	当宠物猫熟悉名字之后，它能从主人喊名字的音调中，察觉出主人情绪，不要在宠物猫学听名字的阶段“陷害”它，如宠物猫捣蛋了，为了处罚它而假装喊它过来，毫无防备的宠物猫乖乖来了，却被挨打。几次下来，宠物猫会搞不清楚主人喊它意图何在，甚至一听到名字，就觉得会受到惩罚，立刻逃之夭夭	
4	补救法	万一错误已经造成，那只能考虑给它改个名字，从头再来。也有成猫能习惯新名字，不过几率较低	

（二）纠正猫夜游和异常捕食

1. 夜游

纠正猫的夜游性必须从小猫开始培养。可先用笼子驯养，白天放出在室内活动，不许出门，晚上再捉回笼内。时间长了就会养成习惯，即使去掉笼子，夜间也不会外出活动。

2. 异常捕食

猫的异常捕食行为主要表现为捕捉散养鸡，将死鸡或死鼠带回家中，或追捕家中饲养的家兔，或捕捉笼养的鸡或鸟。制止猫的异常捕食行为，可以采用以下方法：

（1）在猫颈部栓系一个响铃，当猫追捕鸡或家兔时，利用响铃发出声音提醒鸡或家兔，以减少损失。铃声也可提醒主人及时制止猫的异常捕食行为。

（2）将捕鼠器倒置于鸡笼或兔笼周围，利用猫接近笼子时触及捕鼠器发出声响，将猫吓跑。这样3～6次后，便可终止其异常捕食行为。

（3）当猫接近鸡群或兔群时，用水枪向猫喷水。8～10次后，就可治愈其异常捕食行为。

（4）在猫鼻旁涂抹除臭剂，每天一次，连续3天。然后在鸡笼或兔笼上喷洒同样除臭剂。

特别提示

由于猫对除臭剂产生厌恶感，就再不会接近涂有除臭剂的鸡笼或兔笼。一段时间后，即便笼子上没有涂除臭剂，猫也不会再接近笼子。

（三）上厕所

要反复地带猫上厕所。在猫踏入家门第一天就要训练它上厕所，尽早训练效果好。在猫能自由进出走廊角、阳台等地设置猫用厕所。

把猫抱到准备好的厕所里，最初它可能会不知所措地爬出来，但要轻声地对它说：“厕所在这儿”。然后再重复几次把沾有猫尿味的沙子、纸巾放入厕所中，猫闻到自己气味时才能安心。当猫顺利方便完以后，要好好表扬它“做得好”。

（四）与其他宠物相处

1. 鱼、鸟

当宠物猫靠近鱼缸、鸟笼时，马上斥责，教导它不可以出手。听话的猫被训斥几次后就不会再靠近，即使仍紧盯着看，但不会出手。但是，大部分猫即使被训斥几次，也不会放弃。当瞪大眼看着它时它会听话，但稍把目光移开，它就可能马上又飞奔过去。

特别提示

为了防止猫袭击更小宠物，最好的办法是将鸟笼放在高处或建一个猫不能进去的房间。在鱼缸外罩上金属网，将鸟笼挂在天花板上。

2. 狗

如果同时养着猫和狗，就会担心猫因为身材小反而被袭击。猫因为非常害怕，有可能会用爪子抓伤狗眼睛。为了避免这样的事情发生，在刚开始时，就要抱着猫，让猫和狗相互适应，当相互知道脾性后，狗和猫就能欢快和平地生活。

六、消除家中猫臭味方法

家庭养猫为生活增添乐趣，但在养猫的家中，常常会闻到一种由猫的排泄物、分泌物散发出来的猫臭味，养猫数量较多时臭味尤为浓厚。猫臭味是有害的、不卫生的，要采取措施及时消除，可采用以下几种方法。

（1）教会猫在固定地方大小便，最好教会猫利用厕所或便盆。每天用除臭剂喷洒猫用过的厕所或便盆，每周用0.1%新洁尔灭或2%～3%热烧碱水消毒1次，消毒后用清水冲洗干净，待干后再用。

（2）每天为猫梳理被毛，将梳理落下的被毛、皮屑及时清理掉。

（3）经常为猫洗澡，清除耳垢，保持猫被毛、耳朵清洁，也可在猫体喷洒一些香水。

（4）用清水清洗猫口腔，清除其口腔臭味。

（5）保持居室通风良好和卫生清洁。

（6）猫的食具、猫窝应经常清洗、消毒、除臭，天晴时放在太阳光下照晒。

第三节　观赏鱼喂养照料

一、鱼缸布置

饲养热带鱼的鱼缸大多数是长方形的。鱼缸大多用角钢先焊接成框架，然后用砂轮机或砂布将框架打磨干净，除掉铁锈，刷上一层防锈漆，晾干后，再刷一层银浆漆。待银浆漆晾干后，就可以安装玻璃。

安装玻璃前，要用1∶10的铁丹粉和油灰和成腻子，先在框架上抹好腻子，然后把割好的玻璃镶上去。镶玻璃的顺序是：先镶两个大面→再镶两头→最后镶缸底。

鱼缸镶好后，应立即往里装水，水要装到比养鱼时的水位高出5厘米左右，这样既可以将腻子挤牢固，又可以试验玻璃强度，防止养鱼时发生意外，也可将挤出的腻子刮去。一周后，可将水全部排掉，换上晾晒过的水，这样就可以养鱼了。

相关知识：

如何挑选购买鱼缸

1. 坚固度

常用水族缸的材质有玻璃及压克力等，为了承受巨大水压，必须选择适宜厚度才能制造出一个安全水族缸，一般超过1米的鱼缸缸壁厚度最好达到1厘米。如果选用成品压克力缸更好。

2. 形状

常见水族箱形状有长方形、正方形、圆形、多角形等，可依个人喜好、用途及家居环境来选择。

3. 长度

水族箱的长度可依摆设目的选择合适尺寸，一般与灯管尺寸配合可

达到最好的效果及经济效益。

4. 宽度

出于放灯管的考虑，一般 70 ~ 120 厘米的缸的宽度应在 40 厘米以上，最好 60 厘米，这样既可以放下四套灯管又有深度便于造景。

5. 高度

水位高度一般要在50~60厘米，高于60厘米会影响荧光灯穿透力，金属卤素灯也要在67厘米以下，太高的缸也不便于日后维护，低于50厘米就会影响整体美观。

6. 缸架支撑度

1升水等于1千克，因此水族箱的支架必须能支撑1.2~1.5倍水体积重量才能确保安全。

7. 底沙

一般市售均为粗河沙，也可以用细河沙、黑金沙、白沙、如矽沙、硅沙、基肥沙等，注意只有水榕是可以在碱水中存活的，所以一般不能用珊瑚沙或其他碱性沙或石。

8. 恒温系统

1升水需要1瓦功率。在种类上阴性水草以及网草、白金浪草等块茎类草需要在26℃以下（最好是18~22℃）生长，而红色系水草则喜欢高温，在26~30℃生长良好。

二、观赏鱼水质选择

（一）水温

鱼缸中要放一个温度表，利于观察水温变化。一般来说，冷带鱼对水温要求较低。对于热带鱼，温度必须加以保证。一般的热带鱼适合的水温在23~30℃之间，冬天必须用电热棒加温，将水温控制在合适范围内，鱼缸越大，水温稳定性越好。饲养大型热带鱼的水温最好常年保持在26℃或以上，热带鱼对水温变化特别敏感，昼夜温差不超过4℃，尽量避免水温大幅变化。

特别提示

水温变化过快，容易使鱼感冒；水温骤降会引起白点病。水温调节方面是用加温棒和冷水机，但每次调节应在±2℃范围内，以免引起鱼一冷一热生病。灯管口也可起到加温作用。

（二）氯制剂

在给鱼缸换水时，一般用的都是自来水。自来水厂在供水前会在水里投入氯制剂，以便杀灭水里微生物。氯制剂对人无害，但对鱼却有很大的毒害作用，因此，自来水不能直接养鱼，必须经过处理。处理方法为：

（1）传统方法是用敞口盆乘装自来水晾晒24小时，让氯气自行挥发。

（2）将大苏打投入水中进行化学除氯，有一定的效果，而且价钱也便宜。

（3）采用市面所售的各种除氯剂，除氯效果好。

（三）氨和亚硝酸盐含量

在饲养过程中，因残饵、鱼类新陈代谢和有机物腐败，水中氨和亚硝酸盐浓度会逐渐升高，成为头号杀手。氨能破坏鱼类血液红细胞功能，造成严重生理损伤，影响鱼生长发育。

当鱼出现呼吸困难、眼睛白浊、游泳困难、失去平衡、横卧于缸底，甚至死亡时，这就是氨和亚硝酸盐中毒的症状。

对氨和亚硝酸盐检测需要水族市场所售的各类测试。最好每周测试1次，并持续记录观察。可以通过提高过滤系统功能、定期换水予以预防。

（四）酸碱度

调节水中酸碱度可使用酸碱调节剂，按特性可分为调酸剂、调碱剂和酸碱缓冲剂三种。检测酸碱度，可以在水族店里买检测酸碱度的药水或检测器。

（1）如果酸碱度高，可加上磷酸、沉木、软水树脂，把酸碱度慢慢调低。

（2）如果酸碱度太低，可加上珊瑚沙，慢慢提高酸碱度。

特别提示

在调节酸碱度时，每次调节pH值不要超过±0.2，以免因为酸碱突变，引起观赏鱼酸碱休克病。

（五）硬度

水中的金属、矿物离子（钙镁离子）含量所决定水的硬度。水的硬度高则表示水中钙镁离子含量高；反之则表示钙镁离子含量低。北方井水一般多为硬水，硬度高，不宜直接养鱼。雨水和蒸馏水为软水。南方地区自来水多为中性偏微软性水。

南美洲鱼类、七彩神仙、灯鱼和亚洲龙鱼等喜爱软水；非洲鱼和汽水鱼科的半海水鱼类喜爱硬水。水的软硬度对鱼成长影响不大，但对色泽和繁殖有密切影响。市面所售各种各样硬度调节剂，如软水树脂等，可根据不同种鱼类生理需要进行调节。

特别提示

由于各类鱼对水质的要求不同，所以在一个鱼缸中混养不同品种的鱼时，一定要考虑鱼的习性和对水质的要求。

相关知识：

适合新手饲养鱼种

初次饲养水族鱼类首先可以从淡水鱼开始饲养，选择便宜且容易饲养的淡水鱼，可提高养鱼经验。

1.泰国斗鱼

泰国斗鱼是斗鱼品种中最常见最容易饲养的品种。它可以直接从水和空气中呼气，对水中溶氧量高低没有过分要求，喜欢和同伴相处，游动起来时特别张扬。在饲养的同时，观赏其游动特别有趣。

2. 草莓丽丽

这种鱼类性格甜美、温顺，可以与孔雀鱼混养，喜欢群居生活。其体色鲜艳靓丽，非常容易饲养。

3. 孔雀鱼

孔雀鱼有着超强环境适应能力和生命耐力，是饲养新手的最佳选择。由于其容易饲养且具有高观赏价值，因此得到许多人喜爱。其可以群体饲养，性格温和，喜欢游动。

4. 斑马鱼

斑马鱼体表有着白黑条纹，观看时会令人眼前一亮，而且非常容易辨别。它性格温和，喜欢游动，整个游动动作飘逸淡雅。

5. 电光美人

电光美人全身闪亮着蓝色的光芒，体型华丽流畅。因其对环境适应能力强，而得到很多养鱼爱好者喜爱。

新手饲养鱼首先不要考虑饲养海水鱼，因为饲养海水鱼一是较难弄到适合其生长的水质；二是通过人工制造环境，成本较高。

三、观赏鱼饲料选择

（1）饲料的清洁卫生。不能食用携带任何病原虫、寄生虫、病毒、杂菌、毒素的鱼饲料，长期食用不能保证鱼安全、健康。

（2）饲料的形状、大小适宜。投入水中在一天之内，能保持原有形状及营养成分不破坏、不流失，不腐败变质，不污染水质。

（3）饲料的配方科学合理，营养丰富、均衡、全面。易消化、好吸收，能完全满足鱼生长发育对各种营养素的需求。

（4）饲料要香糯柔软适口。各种鱼都爱吃。

（5）饲料要使用便利。不需经过任何加工，就可喂鱼，能长期保存，不易腐坏。

四、观赏鱼鱼病预防

早期预防是防止发生鱼病的重要措施。鱼病的发生，有多种原因，需要通过多种途径才能达到预防目的。

（一）清洁与消毒

1. 清洁

对刚买回来的鱼缸，在使用前要认真清洁，还须盛满清水浸泡3天。

2. 消毒

对长期不用的鱼缸，在使用前须用盐水或高锰酸钾溶液消毒。

（二）加强饲养管理

观赏鱼生病，大多数是由于饲养管理不当而引起的。所以要加强饲养管理，改善水质环境。

1. 做好投饲

（1）饲料要新鲜清洁，不喂腐烂变质的饲料。

（2）根据不同季节，气候变化，鱼体大小，食欲反应和水质情况适量投饲，坚持“宁少勿多”的原则。

（3）投饲要有一定时间，一般在7:00～10:00。夏季可适当提早，冬季可适当推迟。注意中午少投食，傍晚忌投食。

（4）每天投饲时，要随意采用轻轻拍打水面或其他声响进行较长时间训练。这样就能及时发现不来抢食的病态鱼。

2. 保持水质清洁

如果水面密布灰尘或浮油，不仅有碍于空气中的氧气溶于水中，而且灰尘污物容易吸积于鱼鳃部，不利于其呼吸。经日晒后许多鱼粪和底部污物也会浮到水面，阻碍氧气溶于水中。每天吸除缸底的鱼粪和残饲、沉积物等，减少鱼粪和污物在水中腐败分解释放有害气体，达到纯化水质。

相关知识：

养鱼污染防治

家庭养鱼如果鱼缸选择不当，不仅养不好鱼，还会对室内环境产生污染，进而影响人体健康。家庭养鱼预防污染要注意以下事项：

（1）根据房间大小选择合适鱼缸，不要在小房间里放大鱼缸。

（2）根据房间大小和功能选择养鱼种类。一般房间小的可以养一些小型热带鱼，客厅或者比较大的房间可以养一些大型鱼，注意控制鱼放养密度和食物投放量，防止多余食物污染鱼缸水和室内环境。

（3）虽然水族箱过滤设备能够过滤鱼粪、食物残渣等，但也要经常清洗鱼缸、水具和过滤系统，及时清理排泄物。

（4）最好不要在卧室里养鱼。因为鱼缸散发水汽很多，会增大室内湿度，容易滋生霉菌，导致生物性污染。水族箱的气泵还会产生噪声，影响人的睡眠。

（5）注意观察鱼的生长情况，防止病鱼和死鱼造成水质和环境污染，室内要多通风。

（6）家中有孕妇、幼儿、老人、病人的，尽量不要在室内养殖观赏鱼。

3. 操作小心

不论在换水或捕捞鱼时，动作要小心轻放，暂养在网箱或盆内的鱼要防止过分挤轧和缺氧，以免擦伤鱼体或碰瘪水泡，减少细菌及寄生虫乘虚侵入机会。

（三）药物预防

1. 鱼体消毒

在鱼病流行季节里，鱼缸彻底换水时，可用高锰酸钾溶液清洗鱼缸。每隔10天可用食盐水或呋喃西林药液（每次只要用一种药液）进行循环轮换浸洗金鱼，浴洗时间视鱼体大小、健康情况灵活增减，一般不超过10分钟，这样既可杀死鱼体上的寄生菌虫，又能收到较好的预防效果。

同时，在鱼病暴发季节中，可在鱼缸中酌放微量食盐（比例为1∶5 000或1∶10 000）。

2. 工具消毒

日常用的兜子、捞网、面盆、勺子等用具，应经常暴晒和定期用高锰酸钾、敌百虫溶液或浓盐开水浸泡消毒。尤其是接触病鱼用具，更要隔离消毒专用。

第四节　宠物龟喂养照料

、了解龟的生活习性

（一）变温动物

龟是变温动物，所以对环境温度变化反应灵敏，摄食、活动等均受环境温度影响。一般热带龟适宜温度为27～38℃，温带龟为20～35℃，半水生海龟适宜的环境温度较低。当温度较低时，龟不活动（蛰伏）。当温度在10℃左右时，龟便开始进入冬眠状态。温度上升到15℃左右时，龟便开始活动，有的甚至能开始进食。

一般习惯上温度在25℃时，龟的摄食、活动情况定为正常值。温度在30℃左右则是龟最佳的进食、活动、生长的温度。

（二）龟的分类

龟的种类，按生活环境不同可分为陆栖龟、水栖龟、半水栖龟、海栖龟、底栖龟五种类型。按龟的食物性可将龟分为动物性龟、植物性龟、杂食性龟三种。

（三）龟均为卵生

龟均为卵生，繁殖季节一般在每年5～10月份（恒温养殖除外），卵产生于陆地上，不同种类龟产卵数量不同，淡水龟类每次产2～5枚，其颜色呈白色。不同种类龟卵形状也大小各异，长椭圆形比较多，海龟类卵为圆球形。

（四）水和湿度

为使半水生龟能够全身淹没，水要足够。许多龟的取食、繁殖以及群体间相互作用都在水中进行。

龟舍湿度应与其自然环境相近，湿度过低（<35%）可导致龟皮肤异常干燥和蜕皮障碍，特别是干燥品种龟。湿度过高（>70%）会导致细菌或真菌大量增生，容易发生皮肤下感染。

（五）光照周期

家养龟需要定期进行光照。处于温带区光照周期日照变化范围是冬季8小时，夏季16小时。热带区，冬季光照周期的日照波动大约10小时，夏季大约14小时。

最好是采用全谱光，选用光谱特性与天然光（包括紫外线）相似的荧光灯管。白炽灯可作为龟舍内的光和热源，但应避免直接接触灯泡，防止龟被灼伤。

二、选择饲养场地

陆生品种龟，一般要求水平方向较大。许多陆生龟需要隐蔽空间，可设置盒子、树桩、石块或其他设施。

（一）室外建池

室外建池面积大，空气新鲜，阳光充沛，尽可能得到与野外相似自然条件，适宜饲养200克左右的龟。

一般重100克左右的龟，其活动面积仅为0.5平方米，池的高度为饲养龟体长的2～3倍。池壁四周要光滑，防止龟逃跑。如果池的高度不够，可在池的四周边缘加固翻檐铁丝网。

（二）室内饲养

室内饲养龟，面积有限，龟爬动易受到约束，阳光和空气不如室外，不利于其生长。

龟笼底衬可以放上沙子、盆栽土和树叶，对许多龟来说这都是合适的垫料。许多海龟能养在沙砾和水泥混合物的垫料上。

三、养龟宠物必需物品

（1）网兜。可用纱布或尼龙布做成圆形或长方形兜。用来日常打捞龟粪便或吃剩的残饵。

（2）塑料管。准备1根长1米左右，直径为0.5～1厘米的塑料管，用来抽吸缸底污物等。

（3）温度计、温度表。可以购买0～50℃范围内的水温表，用做测量水温和气温。

（4）卫生刷。家用清洗卫生间球形带柄刷，用来清洗水池和饲养缸。

（5）消毒液。可用每升20毫克的高锰酸钾或适当浓度的84消毒液。

（6）饲料盆。可用饭盒盖或其他陶浅盆代替。

（7）饮水器。由于陆龟不能长期生活在水中，因此要配置饮水盆一个，一般可采用陶瓷浅水盆，以高0.5厘米左右为佳。

四、宠物龟饲料选择

龟饲料是保证龟正常生长、发育、繁殖及存活的物质基础，选择龟饲料尤为重要。饲料按其来源，一般可分为动物性、植物性、矿物性三种。

（一）动物性饲料

动物性饲料包括肉类、鱼类、虾类和家禽的内脏等，以及其他活的动物。龟喜爱食瘦猪肉、鱼肉、虾肉和家禽内脏等。喂前应将硬外壳、头、刺等锋利物剔除干净，以防划破龟的口腔、食管或肠胃。根据龟体型大小，将食物切成条、块状。因为过大食物块不利于龟入口和消化。

（二）植物性饲料

植物性饲料包括各种蔬菜、瓜果、草类等。龟一般喜欢吃苹果、香蕉、西红柿、青菜叶、浮萍等，不爱吃梨、山芋。投喂食物前，应将食物洗净并进行消毒才可投喂。苹果、西红柿等应切成小块状或小片形，便于龟啃咬。

（三）矿物性饲料

一些动物饲料厂采用骨粉、鱼粉、微量元素混合剂等研制出专供龟食用混合饵料。从饲料厂购买混合饲料，必须经过加工才能投喂。投喂前，用水和植物油将粉状饲料制成颗粒状，然后直接投入水中。初次投喂时，需观察龟吃食情况。残剩饵料应立即捞净，否则2～3小时后饵料融化散开会污染水质。

第五节　观赏鸟喂养照料

一、鸟笼的选择

家庭饲养观赏鸟，首先需要准备鸟笼，这是能否养好鸟的关键之一。在鸟笼的选择上不但要考虑到笼鸟自身特点以及是否方便日常管理，而且鸟笼与周围环境是否相配也是值得考虑的。

鸟笼不但是笼鸟生存场所，而且是家居环境的装饰物。一对活泼可爱的小鸟配上合适的鸟笼，能够渲染出一种富足、安逸、自然的家庭氛围。

（一）鸟笼

鸟笼从制作材料上讲，有竹笼、木笼、金属丝笼。鸟笼大致分为观赏笼、串笼、水浴笼、繁殖笼、囿子笼、运输笼等。

除嘴力强、能咬啃木质的鹦鹉类外，一般鸟多习惯用竹笼，因为竹质细密、坚实耐用，好的竹笼越使越亮，年代越久越漂亮。

（二）鸟架

鸟架是鸟笼附属设备，一些尾羽长的鸟，如鹦鹉、红嘴蓝鹊、寿带鸟等，笼养易损坏其美丽长尾，有碍观赏，所以要用架养。黑头蜡嘴雀、黑尾蜡嘴雀、锡嘴雀、交嘴雀等玩赏鸟，为了便于训练和调教也要用架养。

鸟架制作材料有金属和木质两种，除鹦鹉类因嘴强有力，需用金属架外，其他均宜用木质架，因金属架太重不适于鸟类栖息。鸟架形状可分为直架、弯架和弓形架三种。

相关知识：

饲养观赏鸟附属器具

饲养观赏鸟除了要有鸟笼或鸟架外，还要有其他附属器具，如食罐、水罐、巢箱、食撮、筛子、研钵和研棒、浴盆、水壶、取卵勺、笼罩等。

1.食罐和水罐

食罐、水罐是养鸟必备的器具，也是一种装饰。常见的有瓷罐、塑料罐、金属罐、竹罐等。除中、大型鹦鹉类鸟用金属罐外，其他鸟一般都用瓷罐。鸟舍中多用结实耐用、不怕摔的塑料罐，以及大盆、盘或食槽、水槽等。

有一种自动食槽，用铁皮制成，槽顶上设有金字塔槽盖，前面装有玻璃，揭开槽盖，将饲料倒入中间圆筒内，由于底边有间隙，饲料就从间隙流进食槽，吃掉一部分后圆筒内饲料会自动向下面流出补充，方便卫生，也不会造成浪费。

2.巢箱

巢箱是用草绳编制。巢形主要有两种：一种是壶形巢，供文鸟类及营暗巢小鸟使用；另一种是碗形巢，供雀类等营开口巢小鸟使用。此外，还有像小房子形状的巢箱，供鹦鹉等使用。

3.研钵和研棒

研钵和研棒是用于研磨菜汁、饲料和各种药片等的臼和杆，也可用粗瓷钵、硬木削成的球杆等代替。

4.食撮

食撮又称加食勺，是专门用于向鸟笼中添加饲料的用具，可用铁皮、铝皮、塑料、有机玻璃片或胶片等制作。形状为前端窄、后端宽的锥形圆筒，前端能插进笼条，可伸到食罐口内，避免撒落。食撮边缘要打磨得十分光滑，以免划伤鸟嘴。

5.筛子

筛子是用以筛选散落笼底和食罐中吃剩的粒料。筛子有大眼和小眼两种，大眼筛子用于筛除鸟粪、垃圾、杂草和籽壳，小眼筛子主要是筛除泥沙。

二、观赏鸟健康饮食

（一）种子

种子是许多鸟的主要食物，可以分为两类：一类是谷物，如卡内里草芦籽；另一类是油性种子，如葵花籽、松籽、花生。

喂食前，最好先将种子在沸水中浸泡24小时，以增加蛋白质含量，而且对小鸟和恢复期的鸟来说更加容易消化。

（二）水果

许多鸟每天都需进食水果，水果不能发霉，也不能有碰伤的地方，先要洗干净，以防有化学残余物。

橘子要剥皮，桃子要去核。其他水果如果核较大，也要去掉，喂食新品种水果时，要循序渐进，以减少患消化疾病的危险。

（三）蔬菜

蔬菜是鸟类营养的重要来源，每天应给鸟喂一些新鲜蔬菜。

（四）活食

对于许多软嘴鸟和雀科鸣鸟来说，从活食中所获取大量蛋白质有助于雏鸟的快速生长。大黄粉虫幼虫是鸟喜爱的活食，除此之外，自己还可喂养一些蟋蟀、蝗虫。

（五）砂料

砂料不仅在鸟食中提供矿物质，而且在以种子为食的鸟的消化过程中起重要作用。鸟没有牙齿，砂料在砂囊中帮助其把食物磨碎，食物再被酶分解，然后被肠壁吸收。

（六）水

保证鸟能喝到新鲜水。每天要更换饮水器具中的水1～2次或数次。可以把水装在密封的饮水器具中，每次只流出少量。

特别提示

饮水器具不能安装在栖枝下方，以避免遭到污染。冬季每天早晨检查饮水器具，以防流水管结冰堵塞。

三、判断鸟的食性

（一）食谷鸟类

（1）嘴多呈坚实的圆锥状，峰嵴不明显。蜡嘴雀、锡嘴雀的嘴显得粗壮；灰雀嘴呈侧扁而高的球状；交嘴雀嘴则上下交叉。

（2）消化道。食谷鸟类的腺胃细小，肌胃大、肌肉发达（厚5～5.5毫米）、内部常有沙粒，肠为体长的2～3倍。

（二）食虫鸟类

（1）嘴形多种多样。追捕或拦截飞虫的卷尾翁等嘴扁阔；啄食植物上细小昆虫的山雀、莺嘴似小钳子。

（2）消化道。食虫鸟类没有嗉囊，腺胃细长，肌胃圆而坚实，肠为体长的1.5～2倍。

（三）杂食性鸟类

（1）嘴形长而稍弯曲。鹦鹉上嘴钩曲、形似鹰嘴，但明显加厚，适于咬碎坚果而非用于撕裂食物。

（2）消化道。杂食性鸟类的腺胃与肌胃几乎等长，肠约为体长的2倍；鹦鹉除有嗉囊外，一般肠道较长，为体长的3倍以上。

四、观赏鸟训练

（一）鸣唱

善鸣的鸟类很多，如画眉、百灵等。

1. 对象

羽毛已长齐的雄性幼鸟，当能发出较大响声时表明其训练时机到了。老鸟的叫声已定，反应迟钝，不好训练。

2. 条件

最好单笼饲养以免互相影响。训练场所应安静，室内、郊区旷野均可。最好在清晨，因为清晨鸟的精神最好，注意力最集中。

3. 方法

训练时罩上笼衣，在另一只笼中放上一只已调教好的鸟或别的动物领叫，也可用录音机播放鸣叫声，每天不间断地训练，一般在几周至几个月就能学会多种鸣叫声。

特别提示

当鸟鸣叫到“脏口”时，用筷子、手势或声音提醒它，阻止继续鸣唱这个句子，如此反复进行不间断的纠正，直至其不再叫“脏口”。

（二）学人语

学人语操作要点，见表8–2。

表8–2　　学人语操作要点

序号	要点类别	说　明
1	条件	善于仿效它鸟的鸣声，自己又善鸣叫的种类，如鹦鹉、八哥。口腔较大且舌多肉、柔软而呈短圆形。性情温顺易驯、不羞涩
2	对象	（1）当羽毛已长齐的幼鸟 （2）在教学前要使鸟在笼内或架上能安定生活，不易受惊并很驯服，愿意接近人 （3）鹦鹉要能驯服到人的手能抚摸它的头或背，放开脚链它也不飞走，达到这样程度教学效果最好
3	捻舌	八哥需捻舌后才能教以人语。有的采用修舌，用剪刀修剔舌尖成圆形，但没有捻舌效果好，也不安全。驯服后即可教学人语
4	时间	以清晨最好，因鸟的鸣叫在清晨最为活跃，这时鸟尚未饱食，教学效果较好

续表

序号	要点类别	说 明
5	环境	要安静，不能有嘈杂声和谈话声，否则易分散鸟的注意力，也会学到不应该学的声音。因此，最好选择在安静室内进行教学
6	内容	开始选择简单的短句，如“你好”“欢迎——欢迎”等。一般一句话教一周左右即能学说，能学说后再巩固几天，然后再教第二句

特别提示

不能让它听到无聊或不适当的语句。上架饲养，教学时一面对它说话，一面将鸟架作左右摇晃。已经教会说人语的鸟，要常逗引它学说。

五、观赏鸟饲喂

鸟的消化能力强，但其体内不能贮存大量饲料来慢慢消化，所以需要不断喂食。

（一）粒料

对于一些硬食鸟，应供给粒料。每天将壳吹去或筛除，对于无壳粒料，如蒸蛋米和炒蛋米，要注意查看是否发霉变质。炒蛋米可 2 天更换一次，蒸蛋米夏、秋高温炎热季节应每天更换。

（二）粉料

12℃以下时，一天的粉料可一次调配；12～24℃时一天的粉料分两次调配；24℃以上时，一天的粉料分三次调配。

食缸中的粉料吃完之后才加添加饲料，如果食缸中已有的粉料将要变质，在添加新粉料之前，必须把食缸中剩余的粉料清除干净。

（三）青料

食用青饲料不多的鸟类，可将少量青饲料切碎放入菜缸中饲喂，当碎菜叶变色或变蔫时应更换。食用大量青菜的鸟类，如芙蓉鸟、娇凤、金山珍珠鸟等，可将大棵青菜劈成两半或四片，再插于竹扦；也可将青菜插入菜缸中，菜缸事先放入少量水，以保持青菜新鲜。水果片、胡萝卜片等可插于竹扦上供鸟啄食。

六、观赏鸟日常管理

（一）饮水

应供给笼鸟清洁干净的饮水，以凉白开水或自来水为好。为了防止鸟在水缸中水浴，在水缸中放入一块丝瓜络或海绵，使鸟仅能饮水而不能淘水。

（二）沙浴

有些鸟类，如百灵、云雀等喜欢沙浴，以便清洁羽毛和降低体温。可在笼底铺垫一层0.5厘米厚的细沙。一般用细河沙，经水洗过筛晒干后使用。细沙必须定期更换，一般 2 ～ 3 天换一次，当发现鸟不进行沙浴时应立即更换细沙。

（三）水浴

大多数观赏鸟喜欢水浴。可将鸟放入洗浴笼内，然后将鸟笼放在盛有水的浅盘中，让鸟沐浴。也可在笼中放入盛有水的浅盘供鸟沐浴；也可将水滴从笼顶滴洒到鸟体上。夏季 1 ～ 2 天水浴一次，冬季和早春 4 ～ 5 天水浴一次。

（四）修爪

笼鸟其爪生长过长，影响其站立、行走。当鸟爪长度超过趾长的2/3 时或爪已向后弯曲时，就需要修爪。在爪内血管外端1～2毫米处向内斜剪一刀，剪后用锉稍锉几下即可。

（五）修喙

笼鸟的喙生长过长或弯曲，严重时会影响其取食。用锉将过长的部分锉去，或在食物中加入部分沙粒，鸟在啄食时其喙会得到磨损，不致生长过长。

（六）清洗

鸟的趾或羽毛受到污染，仅靠水浴和沙浴是难以清洁的，需进行人工清洗。左手握鸟，将欲清洗部位浸入水中，右手持打湿的软布或棉花在有积垢部位轻轻搓擦。洗毕后将鸟的羽毛擦干放回笼中。清洗时注意水不要太热或太凉，温度在

40～50℃是比较适宜的。

（七）遛鸟

可将鸟带到野外去呼吸新鲜的空气，享受天地灵气。

本章习题：

1. 简述给宠物狗洗澡的步骤。
2. 给宠物狗洗澡时，应注意哪些事项？
3. 宠物狗常见的病症有哪些？
4. 宠物猫饲料加工应注意哪些事项？
5. 如何纠正猫夜游和异常捕食？
6. 消除家中猫臭味的方法有哪些？
7. 简述龟的生活习性？
8. 养龟需要哪些物品？
9. 简述观赏鸟的日常管理。

第九章

高档家电使用保养技能

本章学习目标：

1.了解电视机的使用和保养的方法。

2.掌握电视机的清洁方法。

3.了解空调的使用方法。

4.掌握空调的清洗方法。

5.掌握电冰箱的除臭方法。

6.学会排除电饭煲的常见故障。

第一节　电视机使用保养

一、电视机合理使用和保养

（1）使用电视机时不要频繁开、关机。电视机开关机必须间隔5分钟以上。如果遇到临时停电，应将电视机关掉。

（2）平面直角彩色电视机应防磁干扰，否则图像易产生色斑。转动电视机方向大于90度时，应先将电视机关掉。

（3）在雷雨天气，不要使用电视机，并将天线（或有线端口）和电源插头拔掉。电视机在较长时间不用时，也应将电源插头和天线拔下。

（4）在收看过程中如突然出现声像全无、有像无声、有声无像、打火、冒烟、异味、亮线等现象时，应立即关掉电视机待查、待修。

（5）调整彩电对比度，把色彩饱和度调到最小。调整时也要与亮度相配合，既不散焦，又不太亮为最好。调完对比度和亮度后，再调整色彩饱和度，把瘢色加上去，配合色调使颜色柔和。

（6）在使用遥控关闭电视机以后，还须同时拔掉电源插头，应彻底切断电源。因为遥控器关掉电视机后，虽然电视机声像消失，然而遥控器仍在继续工作，若不切断电源，此时遥控器的耗电可达15瓦左右，很不合算。

（7）电视机不要长期闲置不用。长时间闲置不用的电视机反而容易损坏。最好每天让液晶电视工作30分钟以上，这30分钟运转产生的热量可以将机内的潮气驱赶出去。

二、液晶电视使用与维护

（一）避免长时间工作或待机

液晶电视长时间工作，屏幕内部很容易被烧坏。如果不用，最好关闭，否则会导致内部烧毁或者老化。此外，关闭电视最好也不要直接用遥控关闭，因为处于待机时电视机内部部件还在工作，也会减少其使用寿命。

（二）避免受潮

液晶电视内部电子器件对湿度要求比较高。如果湿度过大则会导致液晶电极腐蚀，造成永久性损坏。

(1) 如果发现有湿气进入液晶电视，应尽量将其放在干燥阴凉处，避免阳光暴晒。待水分蒸发后方可正常使用。

(2) 如果长时间不用，重新启用时不能马上打开电源，应检查屏幕是否有水汽。

（三）高亮度高对比度不可取

高亮度高对比度除了会损伤眼睛，产生视觉疲劳外，还会导致液晶电视老化。因此不要将液晶电视对比度和亮度调到最高。

（四）不要将其他通信设备放在电视机旁

液晶电视本身是通过接入信号显示画面，如果把手机等有电磁辐射的设备放在电视机旁，液晶电视长时间受到信号干扰，不仅画质会大大降低，严重时还会出现雪花。

（五）避免硬物冲击屏幕

液晶屏幕十分脆弱，如果不注意很容易受损，而且一旦屏幕损伤需要维修，是比较麻烦的。如果要避免这类问题发生，最好避免电视机受到强烈冲击和振动。

（六）不要用手触摸液晶屏幕

液晶屏占据了整个电视60%～80%的成本，而且是电视最脆弱的部分。如果用手在液晶屏上指指点点，有可能造成液晶屏幕上细小线路与装置损伤，产生坏点。手上静电还会使晶体激穿失效而形成亮点，所以不要随便摸液晶屏幕。

（七）合理摆放

不要将液晶电视放在阳光直射和灯光较强的地方，以免塑料机壳变色、老化，也影响收看效果。因为强光照射液晶显示屏会导致液晶屏幕温度过高，加快液晶像素的老化。

（八）正确清洁屏幕

(1) 购买液晶电视专用清洁剂或者专用清洁纸巾来对屏幕进行清洁。

(2) 采用柔软镜头软布稍微蘸点儿水后拧干，轻轻地对电视屏幕进行擦拭。

（3）用干燥软毛刷来轻轻擦掉电视机上的灰尘即可。

特别提示

在清洁时要关闭液晶电视电源，不要带电清洁液晶屏。不能用汽油、化学溶剂和化纤织物擦拭。

（九）不要拆卸

永远也不要拆卸液晶电视机。即使在关闭很长时间以后，背景照明组件中的CFL换流器依旧可能带有大约1 000V的高压，这种高压能够对人身造成严重的伤害。

三、等离子电视使用与维护

（一）散热

大功率产生高温可以看做是等离子电视的头号大敌，所以要特别注意等离子电视的散热。

（二）屏幕灼伤

长时间播放固定静止的画面会使屏幕局部受到灼伤产生画面残影，这是等离子电视本身特性所决定的。

（三）防潮、防尘、防雷击

保持机器工作环境的相对干燥，不要让水进入机体中；在不使用机器时，可以考虑使用防尘罩。

四、电视机清洁方法

电视机用久了，不管是屏幕还是外壳，都会积满灰尘。清洗电视机时，应先关闭电源。然后用软布湿水后拧干，蘸洗涤剂擦洗。最好屏幕和外壳两部分分开清洗。

（一）荧光屏

荧光屏容易吸附灰尘，如果不及时清洗，日积月累会形成黑斑，影响显像管寿命。清洁荧光屏时，可以用照相机镜头清洁纸进行擦拭。不要使用鸡毛掸子等物品清扫，以免摩擦产生静电反而会吸附更多灰尘。

（二）外壳

外壳最好用清水擦拭，有人喜欢用无水酒精，其实用酒精容易将漆擦掉，用清水效果会更好。擦干净后，应晾干再通电使用。

第二节　空调使用保养

一、空调使用

（1）开启空调前，应先开窗通风10分钟，尽量使室外新鲜空气进入室内。空调开启一段时间后关闭空调，再开窗通风20～30分钟，如此反复，使室内外空气形成对流，让有害气体排出室外。

（2）室内温度最好控制在25℃左右，室内外温差不宜超过7℃，冷风出口处不要直接对着人。

（3）老人使用空调时，空调温度不能太低。天气干燥时，可使用加湿器或在室内放一盆水。从室外进入开空调的室内前，先将身上汗擦干，最好将空调定时。

（4）儿童使用空调时，在出门前半个小时就应关闭空调并开窗通风，让其适应室内外温度的变化。

（5）不要频繁开关空调。空调器不使用时应关闭电源，拔掉电源插头。空调无论因何种原因而停机，如突然断电、人为停机等，由于一般空调器均设有停机时间延迟器（延迟时间约3分钟），这时空调器停机后虽可马上开机，但需过3分钟后才能运转。

（6）勿遮挡室外机吹风口。室外机吹风口处放置物品遮挡时，冷暖气效果就会降低，而且还浪费电。要善于利用风向调节，暖气时风向板向下，冷气时风向板水平，这样效果较好。

（7）要使室内外机组的进风口和出风口保持畅通无阻，确保空调效果。

（8）需要长期停用空调时，等机器内部干燥后，最好遮盖起来，以防侵入灰尘、杂质。

二、空调清洗

空调未清洗时，会积聚灰尘、纤维，滋生大量细菌、病毒、霉菌、螨虫等。当空调开启时，灰尘和病原微生物就被空调吹送出来，造成室内空气污染，引起疾病传播。可引起过敏性哮喘、皮炎、鼻炎等。经常清洗空调可以保持室内空气卫生洁净，延长空调寿命，也更省电。

（一）清洗时间

一般在夏季使用前或秋季使用后需进行一次清洗保养。

（二）清洗次数

空调每年清洗2～3次最佳。通常每年开机前清洗一次，开机中间时段清洗一次，关机时清洗一次，这样比较合理。

（三）清洗方法

1．外壳和相应部件

空调机体外壳和相应部件清洗简单，只要清水中加少许肥皂粉和洗洁精，或专门空调机清洗液就可以把空调机相应部分清洗干净，符合清洗操作要求。

2．过滤网

（1）空调室内机盖打开，取出过滤网，用干净过滤网刷子刷一刷，把附在过滤网上的绝大部分脏物刷干净。

（2）将过滤网浸泡在含有特效空调机清洗液或自制清洗液或洗洁精和肥皂粉的混合液中，浸泡10～20分钟，根据过滤网脏度而定。

（3）浸泡完后，用瓶刷轻轻刷过滤网，让每个滤孔都清澈透明。

（4）用特殊擦净布擦干，检查完好无损后，把过滤网安装到机体后，试运行是否正常。

三、空调保养

（一）开机前

空调开机前一定要做一次全面“诊断”，查一查空调设备有无“毛病”。根据清查结果，在专业技术人员指导下，做好维护清洗工作，维护清洗要比较到位，含室外机和室内机外壳、机体、过滤网，然后开始试运行，观测制冷速度和效果。

（二）开机过程中

空调开机后根据环境条件、气候条件、开机时数，周围灰尘、空气洁净度、房间是否干净等诸多因素决定空调开机过程中维护次数。

（1）环境条件欠佳、天气炎热、空调机陈旧、空调开机时数长，维护次数就增多，通常一个半月左右维护一次。

（2）若环境条件好、空调机比较新、空气中灰尘少、空调开机合理、与电风扇交替使用，就可以适当延长维护周期，从空调开机到空调关机期间维护1～2次。

（三）关闭后

空调关闭前应对室外机、室内机做一次全面仔细检查。保养、维护、清洗要一环扣一环，不能脱节，易漏环节更应扣紧，严格检查。最后套好空调机机罩，防止灰尘污染，防止空调机滴水与进水，保持空调洁净。

第三节　电冰箱使用保养

一、电冰箱的使用

（一）摆放位置

（1）远离火炉、暖气片等热源地方，同时应避免阳光直接照射，要利于散热。

（2）通风良好的地方。冰箱背部应离墙10厘米以上，顶部应有30厘米以上高度空间，四周不应放置过多杂物。

(3) 放在地面平稳的地方，否则当压缩机启动时会产生振动并发出很大的噪声，长期如此会缩短电冰箱使用寿命。

（二）使用事项

(1) 冰箱工作时应尽量减少开门次数，减少冷气的外溢。

(2) 冰箱停机后不要马上再通电启动压缩机，应停2～5分钟后再行启动。

(3) 临时停电，应先将冰箱插头拔下。

(4) 停电期间尽量减少开箱门次数，在冰箱门紧闭情况下食品可以保鲜15～20小时。

（三）不同物品储存保鲜

不同物品储存保鲜方法见表9-1。

表9-1　不同物品储存保鲜方法

序号	物品类别	储存方法
1	肉类	鲜肉先用温水洗净，切成若干块（每块大小应为一次食用的重量），分装在塑料袋中。如短期保存（2～3天），可放入0℃左右冷藏箱储存，如需长期储存，则放入低于-18 ℃的冷冻箱内
2	鲜蛋	一般储存适宜温度为2～5℃，放入冰箱冷藏室内可储存2周左右，切勿将鲜蛋放入冷冻室
3	禽类	储存前必须要清除内脏，洗净控干沥去血水，撒少量细盐，一般整只储存为宜，最后将禽类装入塑料袋中扎紧。放入0℃左右冷藏室可储存1～2天；放入小于-18℃冷冻室可保存两个月左右
4	鱼类	在储存前均应去鳞、去鳃、去内脏及血水，洗净、控水、撒盐、装入塑料袋。短期冷藏（1～2天内食用）要放入冷藏室保存；长期储存（1个月）要放入冷冻室保存
5	鲜虾	如在1日内食用，洗净装入塑料袋中，放入冷藏室即可；长期储存就必须将鲜虾煮熟后再放入冷冻室冻结，储存期为1个月
6	蔬菜类	一般蔬菜在储存前应洗净，擦干水分，装入塑料袋，扎紧袋口。将处理好的蔬菜放入温度为0～10℃的冷藏室即可

续表

序号	物品类别	储存方法
7	牛奶	在0～2℃的温度下，可保存1～2昼夜。经过消毒的乳液，在2℃可保存5～6天。牛奶不要在冷冻室内存放，因为结冰牛奶其质量和营养价值将会受到严重影响
8	冷冻食品	要在食品仍处于冻结的状态，尽快存放到冰箱的冷冻室内，进行冷冻保鲜。对冷冻的食品尽量不要使用速冻功能
9	味重食品	如海鲜、咸货等，应放入冷冻室分层、分箱储存，以免窜味影响其他食品保鲜品质
10	玻璃容器包装液态食品	不要存放在冷冻室内，以免食品冻结后体积膨胀炸裂玻璃容器

（四）储存要点

（1）电冰箱内存放食品或容器之间，应留有一定间隙，使冰箱内冷气处在循环状态，使食品得到充分冷却保鲜。

（2）食品在存放时，应进行分割、分类装入保鲜袋或保鲜容器内；带有高温熟食，应在熟食冷却至室温后再存放。

二、电冰箱的清洁

（一）除霜

（1）电冰箱冷藏室后背内装有蒸发器，当冷藏室后背和冷冻室蒸发器上冰和霜的厚度超过6毫米时，应进行断电化霜，否则会产生电冰箱冷藏室和冷冻室的冷量下降，能耗增加。断电方式可以采用切断电源或关闭温控器来实现。

（2）冰箱化霜、除霜时，对在蒸发器表面结霜较厚部位可以用冰铲轻轻铲除。以免在除霜时将蒸发器的表面铲出划痕，严禁用锋利的利器来铲除结霜。

（3）化霜结束后，电冰箱内冷藏室和冷冻室用干燥抹布进行擦洗，去除冷藏室和冷冻室内的水珠，以免在冰箱重新工作后，重新结霜和结冰。

（二）清洁

(1) 冷藏室搁架、果菜盒、门上的瓶框、冷冻室抽屉等附件，应定期拆卸下来清洗。主要清除粘附储存食品部件上的细菌和污物，使食品保持常鲜。

(2) 电冰箱处在潮湿的季节或潮湿环境时，箱体和门体表面可能会出现露水现象，此现象属正常自然现象，可及时用干布擦去。

特别提示

不要用去污粉、肥皂粉、碱性洗涤剂等带有腐蚀性材料清洗冰箱箱体表面、门封条、塑料装饰件等，以免造成这些部件的变色、老化和开裂等。

(3) 不要忽略门封胶条清洗，可用牙刷蘸湿清洗。胶条脏污易老化，会影响冰箱密封性，增加耗电量。

(4) 用温水或中性洗涤剂将冰箱内外清洗并擦干，敞开冰箱门通风干燥一天。

三、电冰箱除臭

电冰箱除臭可将去臭剂（活性炭等）放入平盘内置于冰箱内上层搁架上，活性炭对许多有害及有刺激性的气体有很强的吸附能力。也可放入香味较强的食物，如柠檬片、茶叶等有利于消除异味。

（一）鱼腥臭味

消除鱼腥臭味时，用软布将箱内擦抹干净，然后放入半杯白酒关上冰箱门，经过24～28小时就可以排除鱼腥臭味，此方法既可除味又可消毒杀菌。

（二）沾有油渍或污垢产生的异味

消除此种异味可用中性洗涤剂擦洗，然后用干布擦净。不要使用强碱性洗衣粉、去污粉、汽油等，以免损坏箱体。

相关知识：

冰箱除臭妙招

1. 柠檬。将柠檬切成小片，放置在冰箱的各层，可除去异味。

2. 茶叶。把 50 克花茶装在纱布袋中，放入冰箱，可除去异味。1 个月后，将茶叶取出放在阳光下暴晒，可反复使用多次，效果很好。

3. 麦饭石。取麦饭石 500 克，筛去粉末微粒后装入纱布袋中，放置在电冰箱里，10 分钟后异味可除。

4. 食醋。将一些食醋倒入敞口玻璃瓶中，置入冰箱内，除臭效果很好。

5. 小苏打。取 500 克小苏打分装在两个广口玻璃瓶内（打开瓶盖），放置在冰箱上下层，能除异味。

6. 黄酒。用黄酒 1 碗，放在冰箱的底层（防止流出），一般 3 天就可除净异味。

第四节　电饭煲使用保养

一、电饭煲种类

电饭煲主要包括普通型、西施型及电脑型三种。

（一）普通型电饭煲

普通型电饭煲又包括单功能和多功能两种。

1．单功能

单功能电饭煲只能蒸米饭。

2．多功能

多功能电饭煲又有电子电饭煲和多用途电饭煲的区分，见表9-2。

表9-2　多功能电饭煲

序号	类别	说　明
1	电子电饭煲	比普通电饭煲多一电子开关，用来调节煮饭和煮汤所需的不同温度，煮饭需要较高的温度，煮稀饭和汤需要较低的温度
2	多用途电饭煲	多用途电饭煲又有蒸层、蒸蛋层和面条笼几种： （1）蒸层主要可以用来蒸馒头、包子、菜和加热食物 （2）蒸蛋层可以直接用来蒸蛋 （3）面条笼可以用来煮面条、饺子等食物

（二）西施型电饭煲

西施型电饭煲外型漂亮，有煮饭煮汤双功能。有的西施电饭煲有内蒸层，但由于蒸层较浅，用途不大。西施电饭煲的保温效果好。

（三）电脑型电饭煲

电脑型电饭煲的优点是可以定时煮饭，自动控制煮饭程度，缺点是功能少。

二、电饭煲的使用

（1）注意锅底和发热板之间要有良好的接触，可将内锅左右转动几次。

（2）轻拿轻放，不要经常磕碰电饭煲。因为电饭煲内胆受碰后容易发生变形，内胆变形后底部与电热板就不能很好吻合，会导致煮饭时受热不均匀，易煮夹生饭。

（3）饭煮熟后，按键开关会自动弹起，此时不要马上开锅，一般再焖10分钟左右才能使米饭熟透。

（4）煮饭、炖肉时应有人看守，以防汤水等外溢流入电器内，损坏电器元件。

（5）用完电饭煲后，应立即把电源插头拔下，否则自动保温仍在起作用，既浪费电，也容易烧坏元件。

三、电饭煲清洁

清洗内胆前，可先将内胆用水浸泡一会，不要用坚硬刷子去刷内胆。清洗后，要用布擦干净，底部不能带水放入壳内。外壳及发热盘切忌浸水，只能在切断电源后用湿布抹净。

四、电饭煲常见故障及排除

（一）不通电

出现煮饭和保温指示灯都不亮，电热盘不发热等情况时，原因可能包括：墙上电源插座不良，电源线断了，或者是热熔断器烧断，电饭煲内部接线断了。

（二）不能煮饭

出现煮饭指示灯不亮，但保温指示灯亮，电热盘轻微发热等情况时，可能是煮饭开关没有按下或接触不良，发热盘已坏，或是电饭煲内部接线已断。

（三）不能保温

出现煮饭指示灯都亮，但保温指示灯不亮的情况时，可能是以往内双金属片恒温器接触不良，电饭煲内部接线断了。

（四）饭煮不熟

出现饭没有煮熟就跳闸的情况，可能是因为锅底变形，或者是水放得太少。

（五）外壳漏电

电饭煲带电，手碰到上面有酸麻的感觉。可能是因为电饭煲底部受潮，内部线路碰触到外壳。

五、电饭煲保养

（1）做米饭时最好将米淘净在清水中浸泡15分钟左右，然后再下锅，这样可以缩短煮饭时间，且煮出米饭特别香。

（2）充分利用电热盘的余热。当电饭煲中的米饭汤沸腾时，可关闭电源开关8～10分钟，充分利用电热盘的余热后再通电。当电饭煲红灯灭、黄灯亮时，表示锅中米饭已熟，这时可关闭电源开关，利用电热盘余热再保温10分钟左右。

（3）电饭煲不能当电水壶用。同样功率电饭煲和电水壶同样烧一暖瓶开水，用电水壶只需5～6分钟，而电饭煲则需20分钟左右。

（4）避峰用电是最好的节电方法。同样功率的电饭煲，当电压低于其额定值10%时，则需延长用电时间12%左右，用电高峰时最好别用或者少用。

（5）保持内锅外锅清洁。电饭煲使用过久而又不及时清洁，会使内锅底部与外表面聚一层氧化物。应把它浸在水中，用较粗糙布擦拭，直到露出金属本色光泽为止。

（6）内锅底与电热盘、内锅及锅盖均应保持最佳接触。若内锅变形，即内凹或外凸，均会影响内锅底部良好接触，应及时修理才好。

（7）平时使用完电饭煲后最好放在桌面上保存，防止地面灰尘进入电饭煲底部，也不应该把电饭煲放在厨房或者容易被水喷溅到的地方，以免影响电饭煲使用安全。

特别提示

使用中保证电饭煲内胆和电热盘之间的清洁，避免出现水点、饭粒等杂物，这样会影响煮饭的效果，严重时有烧坏元器件的可能。

（8）在购买较大功率电饭煲后，一定不要让它和其他电器共用一个组合插座，这样会导致插座容量不够，使电源线温度过高，发生危险。

（9）电饭煲使用后一定要把插头从插座上拔下来，通常情况下电饭煲都拥有自动保温功能，插上电源后，即使没有在煮饭状态下，电饭锅也会处在保温状态，会造成对电能的浪费。

第五节　微波炉使用保养

一、微波炉的使用

（一）摆放位置

使用微波炉一定要在平稳、通风的地方，后部应留有不少于10厘米的空间，顶部要留有不少于5厘米的空间。

（二）使用要点

（1）微波炉内的食物不能放得太满，最好不要超过容积的1/3。

（2）使用微波炉时，食物不要直接放在转盘上，要用耐热玻璃、陶瓷或耐热塑料做成的容器盛放。绝对不能用金属或搪瓷容器，也不宜用带有金属花纹的容器盛放。因为微波与金属接触会产生火花，发生危险，严重时还会损坏磁控管。

（3）不要用微波炉加热密封的食物，如袋装、瓶装、罐装食品，以及带皮、带壳食品，如栗子、鸡蛋等，以免爆炸污染或损坏微波炉。

（4）不得空载使用微波炉。平时可在炉内预备一杯水（玻璃杯），使用时拿出，加热完食物后再放入，以免空载烧坏微波炉。

（5）对体积过大的食物，应当均匀分解（肉类3厘米左右，其他食品5～7厘米为宜），以免食物生熟不均匀。加热整只鸡、鸭等大件食物时，最好加热一段时间后，将食物翻个身，使各部位都可均匀受热。

（6）选择烹调时间宁短勿长，以免食物过分加热烧焦甚至起火。

（7）保护好炉门，防止因炉门变形或损坏而造成微波泄漏，更不能在炉门开启时，试图启动微波炉，这是十分危险的。

（8）微波炉工作时，应远离炉体，虽有安全保险，还要防止万一发生微波辐射伤害人体。

（9）微波炉工作时，不要将眼睛紧靠微波炉 5 厘米之内去观看微波炉工作。因为眼睛对微波最敏感，以免受到不必要的伤害。

（10）不得将冰冷食品或冰冷器皿放置在炽热转盘上。

（11）转盘最大负载重量不能超过标准。

（12）已煮好的汤圆、荷包蛋等，马上取出可能会因其内部液体沸腾爆破而溅伤人体。应先打开炉门后略搁置，再取出食物。

（三）不能加热

1. 牛奶、油炸物

牛奶、油炸物不能加热。因为牛奶中氨基酸经微波炉加热后，一部分会转变为对人体有害的物质；因高温油会出现飞溅导致明火。如万一不慎引起炉内起火时，切忌开门，而应先关闭电源，待火熄灭后再开门降温。

2. 加热至半熟后的肉类

不要将肉类加热至半熟后再用微波炉加热。因为在半熟食品中细菌仍会生长，第二次再用微波炉加热，由于时间短，不可能将细菌全杀死。

（四）使用完毕

（1）微波炉停止使用时，应将炉门稍稍敞开，使炉腔内水蒸气充分散发，有利于腔体保养。

（2）烹调完食物，应先待转盘冷却后再进行清洗。

（3）使用后马上用湿布将炉门上、炉腔内和玻璃盘上脏物擦掉，这时最容易擦干净。

二、微波炉的清洁

（一）外部清洁

微波炉外部清洁时，运用中性洗涤剂或中性肥皂，水的温度为25～30℃。不要使用普通肥皂、酸碱性洗涤剂洗刷微波炉，更不能使用溶剂、金属刷洗微波炉的任何位置。

（二）内部清洁

微波炉的内部清洁宜用湿抹布擦干，每次用后用软布把内胆擦干。转盘转轴要保持清洁，将转盘盘架或滚珠取出来，用温水洗净；底部要用温水、中性洗涤剂洗净后，再用清水擦洗一遍。

相关知识：

微波炉清洁窍门

1. 污垢

如果微波炉污垢堆积太多时，用容器装好水，以运动不回转的方式，加热几分钟，先让蒸发的水分潮湿一下炉内的污渍，接着拿出水。接着先用湿纸擦掉炉内污垢，再用洗涤剂把油污完全洗净。一定要用温水多擦几次微波炉，别让清洁剂残留在炉内，否则当加热食物时，残留清洁剂会粘附着在食物上。

2. 底部

擦洗微波炉底部时，应该取下转盘、转盘支架。要常常清洗玻璃转盘和轴环。若玻璃转盘和轴环是热的，需冷却后再行处置。转盘和轴环清洗后，要按原样复位。

3. 异味

如果微波炉中有异味，可以在一杯水中加入柠檬汁，放在炉内煮几分钟。或将橘皮放进微波炉中加热 15 ~ 30 秒，即可去除微波炉中的异味。

4. 清洁剂

由于高温会使烧化的食品飞溅，此时要用软布、温水及平和清洁剂清洁微波炉外部表面、炉门前后及炉门启齿处，不要用金属刷清洗，以免划伤微波炉。

三、微波炉一般故障处理

（一）通电源，炉内照明灯不亮，无法加热食品

首先检查供电电源是否正常。具体方法为：

（1）拔下微波炉电源插头，用另一个能正常工作的电器接到该插座上，如果该电器也无法工作，表明电源异常，此时应找电工恢复该处正常供电。

（2）如果该电器工作正常，则表明供电正常，应检查微波炉炉门是否关好，定时器开关是否开路。对电脑型微波炉要对照说明书检查操作、设置是否正确，

微波炉电源熔断器是否完好，若有故障，对症处理。

（二）照明灯不亮，但能加热食品

检查灯泡是否损坏，可用同规格灯泡更换。如果更换灯泡后仍不亮，说明照明回路虚接开路，可顺回路查找，消除虚接开路。

（三）刚开始工作正常，时间未到却突然灯灭，停止加热

排除停电原因后，检查炉门是否因使用久而松动，造成炉门开关接触不良，电源插头插座是否松动。

排除以上原因后再检查热断器是否断开，温控电路是否动作。如果热断器或温控器动作，则应检查风道是否被杂物堵塞，排风风机是否运转正常，并采取相应措施处理。

（四）照明灯亮，但无法加热食品

对高压电路进行检查前，必须对高压电路进行充分放电，否则易发生电击伤人事故。此时应请专业人员修理。

（五）能对食品加热，但到设定时间，微波炉不能断电

大多为定时器损坏，应采用更换定时器的方法处理。也可先检查定时器触点是否粘连熔焊、电机是否损坏、电路是否断路。如有断路，只要恢复接线即可使用。如果电机损坏，直接更换定时器较为方便。

（六）加工食品时，只要一合烹调开关电源熔断器就熔断

微波炉内电路中存在短路故障，应先排除短路故障，然后再用同规格型号的熔断器更换。

（1）先从变压器初级断开绕组引线，用万用表检测初级绕组的直流电阻值，如果直流电阻正常，短路可能发生在电机等其他部件及连线上。

（2）如果初级绕组直流电阻值近似为零，则表明变压器损坏短路，应更换。电路中易发生短路部件除电源变压器初级绕组外，还有相关连线松脱相碰。

第六节　其他家电使用保养

一、抽油烟机使用保养

（一）抽油烟机使用

（1）必须配置三孔电源插座，其接地极必须接上可靠的接地地线。

（2）安装烟管出口应避免设在挡风处，以免外面强风倒灌影响烟气的排放，排烟管严禁接入热烟道。

（3）尽量减少厨房空气的对流。

（4）油烟机运行时，千万不要用手摸风扇，更不要用硬物插入。

（5）油锅使用时，必须小心看护，以免火苗被吸入机内。

（二）抽油烟机清洁

抽油烟机一般要请专业人员清洗。

二、热水器使用保养

热水器包括燃气热水器和电热水器，在这里，重点介绍电热水器使用保养。

（一）电热水器的使用

（1）当打开水阀而没有出水时，要立即断开电源，防止因故障使电热水器在无流动水的情况下工作而损坏。

（2）避免因进水口太小导致出水口温度过高而损坏电热水器。

（3）使用储水式电热水器时，一定要先注满冷水后再通电加热。打开热水阀有水流出，则储水合适，可以通电。

（4）为防止烫伤，可以先开冷水阀，再开热水阀；关时先关热水阀，再关冷水阀。

（5）储水式电热水器要求自来水处于常开状态，保证水箱经常有水。

(6) 严防在进水口和出水口同时安装阀门。

(二) 电热水器清洁

(1) 对于带有专门排污螺帽的热水器，直接把排污螺帽拧掉就可以放水排污了。当水箱里水快放完时，水箱里面水垢就会被带出来。放完水后，把螺帽拧上，再往水箱里加一些自来水，然后再拧掉排污螺帽放水，反复几次就可以把水箱里的水垢清理干净。

(2) 可以通过调节安全阀角度来放水排污，但放水太慢，效果不佳。

(3) 没有专门排污螺帽的热水器，最好把右侧带安全阀的水管及安全阀拆掉放水排污。

特别提示

清理水垢之前，要详细阅读该热水器的说明书，按说明书的操作要求进行水垢清理为宜。

三、洗衣机使用保养

(一) 洗衣机摆放

洗衣机比较普通的摆放位置有四种：卫生间、厨房橱柜中、阳台、单独洗衣房。将洗衣机放在这些地方有何利弊？在摆放时应该注意些什么问题呢？

1. 卫生间

由于卫生间空间狭小，湿度较大，将洗衣机摆放在卫生间中一定要注意防潮，千万不要认为洗衣机跟水打交道就忽视防潮问题。

(1) 千万不要以为洗衣机本身就是跟水打交道的，因此不必防潮。采用电路控制洗衣机更应注意防潮。

(2) 洗衣机应放在垫高平台上，条件允许最好不要把洗衣机放置在浴室等水汽密度大的地方，电子控制部件应避免湿水。

2. 厨房橱柜中

注意将洗衣机上下水管的位置处理好，并且在洗衣机后部留出水管的距离。

3. 阳台

将洗衣机摆放在阳台，要做好洗衣机的防晒工作，注意洗衣机上下排水装置的设计。

4. 单独洗衣房

要注意洗衣房通风情况，通风情况良好，才能保证机器零部件没有受潮情况的发生。做好洗衣房隔音工作，有条件最好洗衣房远离书房、卧室等，以免洗衣噪声影响正常生活。

相关知识：

洗衣机节水省电窍门

1. 先浸泡，后洗涤

恰当地减少洗涤时间，就能节约用电。洗涤前，先将衣物在流体皂或洗衣粉溶液中浸泡10～14分钟，让洗涤剂与衣服污垢脏物起作用，然后再洗涤。

2. 分色洗涤

不同颜色的衣服要分开洗，先浅后深，不仅洗得干净，而且也洗得快，比混在一起洗可缩短1/3的时间。对于一些不是很脏的衣物，要少放洗衣粉，这样也可减少漂洗次数。

3. 先薄后厚

一般质地薄软化纤、丝绸织物，四五分钟就可洗干净，而质地较厚的棉、毛织品要10分钟才能洗净。厚薄分别洗，比混在一起洗可有效地缩短洗衣机运转时间。

4. 集中洗涤

一桶洗涤剂连续洗几批衣物，洗衣粉可适当增添，全部洗完后再逐一漂清。这样就可省电省水，节省洗衣粉和洗衣时间。

5. 额定容量

若洗涤量过少，电能会白白消耗；反之，一次洗得太多，不仅会增加洗涤时间，而且会造成电机超负荷运转，既增加电耗，又容易使电机损坏。

6. 用水量适中

用水量不宜过多或过少。水量太多，会增加波盘的水压，加重电机负担，增加电耗。水量太少，又会影响洗涤时衣服上下翻动，增加洗涤时间，使电耗增加。

7. 正确掌握洗涤时间

避免无效动作，衣服洗净度如何，主要是与衣服污垢程度、洗涤剂品种和浓度有关，而同洗涤时间并不成正比。超过规定洗涤时间，洗净度也不会有大提高，白白耗费电能。

8. 调好皮带

皮带打滑、松动，电流并不减小，洗衣效果会变差；调紧洗衣机皮带，既能恢复原来的效率，又不会多耗电。

9. 程序合理

衣物洗了第一遍后，最好将衣物甩干，挤尽脏水，这样，漂洗的时候，就能缩短时间，并能节水省电。

（二）洗衣机使用

1. 洗衣前准备

（1）检查洗衣机是否放置平稳。

（2）接好进水管，打开水龙头，注意各水管是否漏水。

（3）插上电源插头，把排水管放到下水口。

（4）排水管不要高于洗衣机出水口，不要扭曲。

（5）松散地放入衣物。

（6）不要把硬币、钥匙等硬物遗忘在口袋中。

（7）在洗涤剂盒中放入适量洗涤剂。

2. 洗涤操作

确认好各项洗涤前准备工作；按电源开/关键；按照衣物多少，按水位钮数次，选择合适水位；合上盖板。洗衣机工作后若水位不够高，可按启动/暂停键数次至合适水位后，再按启动/暂停键，继续运行。

洗衣结束后，机器自动发出蜂鸣提示音。蜂鸣后10秒洗衣机会自动关闭电源

开关。一定要拔出洗衣机电源插头，否者洗衣机电脑板还要耗电。

（三）洗衣机清洁

一般情况下，用湿软布轻轻擦拭，当特别脏时，用浸有中性肥皂或肥皂水的软布轻轻擦拭。不要在洗衣机上直接泼水、稀释剂、清洁剂、煤油、汽油和酒精等进行擦拭。如果需要使用化学药剂，请严格遵照化学药剂的使用说明进行。

本章习题：

1. 如何使用和保养电视机？
2. 如何清洁电视机？
3. 使用电冰箱时，应注意哪些事项？
4. 如何使用电饭煲？
5. 电饭煲有哪些常见故障？
6. 简述微波炉一般故障的处理方法。
7. 洗衣机摆放时应注意哪些问题？

第十章

家居安全技能

本章学习目标：

1.掌握家庭火灾应急常识。

2.掌握灭火器的使用方法。

3.了解电视机防火要点。

4.了解电热炊具的防火要点。

第一节　家居火灾预防

在人们的日常生活中，常常由于用火、用电不慎而酿成火灾，造成灾难。因此，我们在日常工作中，必须注意防范这类火灾的发生。在厨房生火做饭时，要特别小心谨慎，因为厨房是动用明火较多的地方，稍有不慎，极易引发火灾。

一、安全使用煤气、液化气

煤气、液化气具有易燃易爆的特点，它们和空气混合形成的爆炸性混合气体极易爆炸燃烧。因此，在使用煤气、液化气时必须做到以下几点：

（1）要做到点火后不离人。防止火焰意外熄灭而造成煤气、液化气泄漏。

（2）不用时一定要关闭气源。防止漏气，发生火灾、爆炸事故。

（3）不存放可燃物。煤气灶旁严禁存放汽油、煤油等易燃液体和木柴、纸盒等可燃物，液化气瓶要远离火源、热源，钢瓶严禁卧放，严禁随意倾倒液化气残液。

（4）发现燃气泄漏，要迅速关闭气源阀门，打开门窗通风，千万不要触动电气开关和使用明火，并及时通知专业维修人员来修理。

特别提示

检查燃气是否漏气，可用软毛刷或牙刷蘸肥皂水涂抹管道和灶具，凡肥皂水涂抹之处有气泡泛起的部位便是漏气处。

二、看好厨房中的油锅

某小区一家女业主王某，刚将油锅放在点燃的煤气灶上，听到电话响，立即去接电话，并在电话中与人聊得高兴就忘记了时间，忘记了放在煤气灶上的油

锅。由于锅内食油加热时间太长，导致起火，滚滚浓烟从厨房窗户里冒出。幸亏众邻居纷纷拎来自家备用的灭火器，齐心协力才将火扑灭。

油锅起火的事件在生活中是常有的，而且发生的频率也很高，因此，必须引起足够重视。那么，如何看好厨房中的油锅呢?

（1）油锅加热时一定要在旁看管，不要长时间远离去做其他事。

特别提示

当食油在锅内被加热到450℃左右时，就会发生自燃。因此，油锅不可加热时间太长，以防自燃。

（2）在炉灶上煨炖食物时，汤不要装得太满，以防止因汤水沸腾时溢出锅外，熄灭灶火，造成漏气或起火。

（3）在做饭、烧汤时，如果要做其他事情，离开前一定要先关掉灶火，否则一旦起火，后悔莫及。

三、家中寻物忌用明火照明

从明火危害的特征来看，只要它与低燃点的可燃物稍一接触，就能立时引发燃烧。家庭中的棉被、服装、报纸、书籍以及塑料制品等，都属于明火作用下一触即发的可燃物，在这样的环境中千万不要使用明火（如点着蜡烛）寻物。

需要指出的是，平时在雇主家里有用来驱蚊的蚊香，也是明火的一种。在点蚊香的时候，一定要注意远离窗帘和床被等可燃物。

四、阳台、过道不要堆放杂物

阳台虽是住房建筑的一部分，却和防火有着密切的关系。如果住房失火，楼梯和过道又被烟火封闭时，人们可利用阳台暂避，等待救援。楼下着火时，阳台还可阻挡火焰从窗口向上蔓延。所以，一定要清除干净阳台上的杂物。

五、家庭用电火灾预防

（一）电视机火灾的预防

电视机是最常用的家用电器也是最容易发生起火爆炸的电器之一。

其防火要点为：

（1）正确摆放电视机，保证良好的通风散热环境。

（2）收看电视时间不宜过长，一般连续收看5～6小时后应关机一段时间，待机内热量散发后再继续收看，高温季节尤其要注意。

（3）看完电视后不要忘记拔下插头或关掉电源，以免变压器长时间过电发热引起事故。

特别提示

电视机起火爆炸事故的原因主要是电视机散热不良、电压不稳、未切断电源、高压放电和遭受雷击等。

（4）雷雨天最好不要看电视，打雷时一定要关掉家中的电源。

（5）看电视时，如闻到刺鼻的臭味、荧光屏上的图像突然消失、有雪花状的亮点在闪烁、发出耀眼白炽光等情况，应立即关掉电视机，然后请专业人员检查修理。

（二）电热炊具火灾的预防

电热炊具带来的火灾隐患不容忽视，比如用电热水壶烧水，水开后溢出，很容易造成短路起火。电热杯、电热锅、微波炉等，这些电热炊具的共同特点是功率特别大，热得快，使用不当很容易造成危险。其防火要点有：

1. 电水壶

（1）使用时要先将电水壶内注入适量水，然后再接通电源，用完后则要先切断电源后再倾倒电水壶中的水。

（2）不能在电水壶工作时长时间离人，要随时留意。

（3）停电和用完后要及时切断电源。

2. 电饭煲

（1）使用电饭煲要保持内胆底部和电热板之间清洁干净，不能附有水点、尘埃、饭粒、杂物等。

（2）不能同时与其他电器共用一条线路。

3．微波炉

（1）不要空炉开启电源使用。因为灶内无食物时，空烧会使微波管烧坏。

（2）微波炉要放置在离变压器等磁性物较远的地方。

（3）微波炉门关闭一定要严实，以防微波泄漏，发生事故。

（4）使用时发生事故，一定要先切断电源。

（三）电熨斗引起火灾的预防

（1）在熨烫衣物的间隙要把电熨斗竖立放置，或者放在专用的电熨斗架上，千万不要把电熨斗放在可燃、易燃物品上。

（2）在使用中应注意控制电熨斗的温度，保证电熨斗温度适宜，发现过热应及时拔下电源插头。

（3）电熨斗用完后，应及时将电源切断，待底板温度降至用手摸不感觉热时，方可将其放在干燥处保存。切勿受潮，以免降低绝缘性能。

特别提示

据测试，将一只300瓦电熨斗通电20分钟，其表面温度可达320℃，足以使棉、麻、毛、丝等纺织物起火。

（四）突然停电

在日常生活中常常会遭遇突然停电，有时突然停电会给我们带来意想不到的灾难性后果。

一天晚上，某小区一女业主正在使用电吹风时突然停电，她便放下电吹风到邻居家聊天去了。过了几个小时后恢复通电时，由于电吹风开关没有关，一通电便处于工作状态，渐渐地引燃了桌上的可燃物，并迅速地蔓延，等到大家慌忙将火扑灭后，大量财产已化为灰烬。

防火要点：

（1）家庭应安装断电保护器。断电保护器能在正常通电情况下，遇到突然停电时自动切断电路，防止突然来电后因电流过强损坏电气线路和家用电器。

（2）发现停电，一定要及时切断电源，并关掉电器开关。

第二节　家庭火灾应急处理

一、家庭火灾应急常识

（1）发现着火要首先通知雇主，征得雇主同意后迅速拨打火警电话“119”，并向对方讲清火灾发生地点或住处。

（2）一旦发现火苗要迅速采取办法及时灭火。如用家中的毛毯、被子等物罩住火焰再浇水扑打。

（3）若室内某物品着火，应尽快将它移到室外灭火。

（4）炒菜时如油多火大，锅内会起火，此时不必慌乱，直接盖上锅盖即可，以防火势扩大。注意千万别用水浇油，也不可以用手去端油锅，以防止热油爆溅、灼烧伤人和扩大火势。如果油火洒在灶具上或地面上，可以用砂土盖上，或用泡沫灭火器、干粉灭火器扑灭，还可以用湿棉被、湿毛毯等捂盖灭火。

（5）家用电器着火，要先切断电源，设法用毛毯、棉被覆盖灭火，作用不明显时再用水浇。用水扑救一定要在断电情况下进行，防止因水导电而造成触电伤亡事故。

（6）洗衣机失火占家用电器火灾之最，重在防患于未然，不仅要将洗衣机放置在通风良好处，更要经常细查电源引线及接地线的磨损老化程度。

（7）电视机着火时，人要站在电视侧后方，以防显像管爆裂伤人。

（8）煤气灶、液化气灶着火要先关闭阀门，就近用厨房衣物浸水后盖住，然后浇水扑打。若可能要先将液化气罐及时移到安全地点。

（9）人身上衣物着火时可就地打滚，其他人可帮助用水灭火。

（10）救火时门窗要慢开，以防风助火势。

（11）若所在建筑物火警钟响，应通知屋内人员立即离开。切勿使用电梯，应利用紧急楼梯逃生。

二、拨打“119”报警方法

家艺师要在征得雇主同意后报警，报警程序为：

（1）拨通“119”号码。

（2）电话接通后，将火灾发生的地点（详细地址）、时间、火势情况及发生火灾地方的周围环境等做简要的说明，例如，“这里是××区××花园××栋××号。”

（3）如果知道是由什么引起的火灾及主要燃烧物，火灾现场及周围有无易燃、易爆、有毒等危险品，也最好说明。例如，“××物体（房屋、垃圾堆等）着火了。”

（4）说明火灾现场能否进大车（通往火灾现场的道路情况）。

（5）说出自己的姓名、性别、年龄、住址、联系电话。

（6）等对方挂断电话，你再挂机。

三、灭火器使用方法

灭火器是一种轻便的灭火工具，它可以用于扑救初起火灾，控制火灾蔓延。不同种类的灭火器，适用于不同物质的火灾，其结构和使用方法也各不相同。灭火器的种类较多，常用的主要有：泡沫灭火器、二氧化碳灭火器、干粉灭火器和1211灭火器。不同灭火器的适用范围见表10−1。

表10−1　　不同灭火器的适用范围

序号	种类	适用范围
1	干粉灭火器	适于扑灭液体、气体、电气火灾（干粉有5万伏以上的电绝缘性能），有的还能扑救固体火灾。不能扑救轻金属燃烧的火灾
2	二氧化碳灭火器	适于扑救贵重仪器设备、档案资料、计算机室内火灾，也适于扑救带电的低压电气设备和油类火灾，但不可用它扑救钾、钠、镁、铝等金属燃烧的火灾

续表

序号	种类	适用范围
3	1211灭火器	适于扑救精密仪器、电子设备、文物档案资料等火灾
4	泡沫灭火器	最适于扑救液体火灾，不能扑救水溶性可燃、易燃液体（如醇、酯、醚、酮等物质）的火灾和电器火灾

一般家庭使用的主要是干粉灭火器。其用法为：

（1）先拔掉保险销（有的是拉起拉环），再按下压把，干粉即可喷出。

（2）干粉喷射时间短，喷射前要选择好喷射目标，灭火时要接近火焰喷射。由于干粉容易飘散，不宜逆风喷射。

（3）灭火后，把灭火器卧放地上，喷嘴朝下。

特别提示

灭火器要放在易取、干燥、通风处。每年要检查两次干粉是否结块，如有结块要及时更换；每年检查一次药剂重量，若少于规定的重量，或看压力表如气压不足，应及时充装。

本章习题：

1. 在使用煤气、液化气时必须做到哪几点？
2. 如何看好厨房中的油锅？
3. 电视机火灾预防的要点有哪些？
4. 简述家庭火灾的应急常识。
5. 简述报警程序。
6. 简述干粉灭火器的使用方法。
7. 简述不同灭火器的适用范围。

参考文献

[1] 周荣，丁丁．家政人员培训与管理．北京：中华工商联合出版社，2001

[2] 陈朝晖．家政服务员从业规范．北京：中国经济出版社，2004

[3] 全国家政服务实验基地教材编写组．高级家政服务员实用教程．北京：机械工业出版社，2004

[4] 张从众．家政服务指南：保姆必读．北京：气象出版社，2004

[5] 张柱林．家政实用手册．广州：花城出版社，2007

[6] 徐直正等．学家政服务．郑州：中原农民出版社，2003

[7] 高灵芝．家政服务与管理．北京：中国人民大学出版社，2003

[8] 朱凤莲，王红．家政服务员上岗手册．北京：中国时代经济出版社，2011

[9] 中国家政网．http://www.jzcn.net/

[10] 上海保姆网．http://www.shanghaibaomu.com/

[11] 北京保姆网．http://www.beijingbaomu.com/

[12] 农民教育在线．http://www.nmjyzx.com/